मैं माधोभाई
एक पाकिस्तानी हिंदू

मैं माधोभाई एक पाकिस्तानी हिंदू

संजय शेरपुरिया

प्रभात पेपरबैक्स
www.prabhatbooks.com

यूथ रूरल
एंटरप्रन्योर फाउंडेशन

प्रकाशक
प्रभात पेपरबैक्स
प्रभात प्रकाशन प्रा. लि. का उपक्रम
4/19 आसफ अली रोड, नई दिल्ली–110002
फोन : 23289777 • हेल्पलाइन नं. : 7827007777
इ–मेल : prabhatbooks@gmail.com ❖ वेब ठिकाना : www.prabhatbooks.com

संस्करण
प्रथम, 2022

यूथ रूरल एंटरप्रन्योर फाउंडेशन को समर्पित

MAIN MADHOBHAI: Ek Pakistani Hindu
by Shri Sanjay Sherpuriya

Published by **PRABHAT PAPERBACKS**
An imprint of Prabhat Prakashan Pvt. Ltd.
4/19 Asaf Ali Road, New Delhi-110002

ISBN 978-93-5521-281-8

प्रस्तावना

घर के सोफे-पलंग पर बैठकर हम टी.वी. देख रहे होते हैं, तब हमारी सीमाओं पर भारत माँ की रक्षा कर रहे हमारे शूरवीर एवं जाँबाज सैनिकों को देखने का मौका मिलता है। हम कितनी आसानी से उनकी हर रोज की लड़ाई और बलिदान को देख लेते हैं; फिर तुरंत ही अपना क्रिकेट मेच देखते हुए घर में बनाए पकवान खाने लगते हैं। एक मुसलिम ने हिंदू धर्म परिवर्तन किया तो देश में कितने सारे लोग उनके ऊपर टिप्पणी करने लगे और उनको गलत साबित करने का मौका ढूँढ़ने लगे। हमारे सम्मानीय प्रधानमंत्रीजी ने एक एयर स्ट्राइक करवा दी तो कितने सारे लोग उनके ऊपर परमाणु बम की तरह टूट पड़े थे, यह बात तो आपको याद ही होगी! हम यहाँ पर बैठे-बैठे आसानी से कह देते हैं की हमारा देश सर्वधर्म समभाव के आधार पर चलता है, इसलिए हमें हर धर्म की रक्षा करनी चाहिए।

मैं आज ये सब बातें करने के लिए मजबूर हूँ कि आज मैं आप सबके सामने एक ऐसी कहानी बयान करने जा रहा हूँ, जिसमें पाकिस्तान की धरती पर हिंदू धर्म के लोगों का क्या हाल है—यह किसी की कही-सुनी नहीं बल्कि इसे भोगकर आए पाकिस्तानी हिंदुओं के अंतर्मन की व्यथा है। आज पाकिस्तानी व्यक्ति हमारी धरती पर आकर किसी को भी उड़ा दे तो कोई अपना बयान नहीं देता और अगर हमारे सैनिक उनके पाँच लोगों को उड़ा दें तो सब जगह धर्म की बात आ जाती है। आज के सही नायक इस माधोभाई की बीती जिंदगी से साफ जाहिर है कि पाकिस्तान में हिंदुओं की क्या दुर्दशा है

और कैसे वहाँ हमारे हिंदू भाईयों एवं बहनों का जबरन धर्म परिवर्तन करवाया जाता है। हिंदू परिवारों के साथ की गई बर्बरता से यह अवश्य पता लग जाता है कि वे वहाँ किन मुश्किल हालातों में जी रहे हैं! उनका हिंदू होना सबसे बड़ा गुनाह है! इसलिए उनकी श्रद्धा के स्थान—मंदिर व गुरुद्वारे तोड़े जाते हैं, बेटियों की शादी जबरदस्ती किसी मुसलमान से करवा दी जाती है। यह शारीरिक, मानसिक व आर्थिक उत्पीड़न और शोषण की पराकाष्ठा है। पर पाकिस्तान में सब जायज है। यहाँ भारत में बैठे छद्म धर्मनिरपेक्ष नेता, पत्रकार व तथाकथित बुद्धिजीवी और मानवाधिकारों के पैरोकार उफ तक नहीं करते। इसलिए—क्योंकि वे संवेदनाशून्य हैं। उनके कानों पर जूँ नहीं रेंगती, उनका कठोर दिल नहीं पसीजता, उनकी आँखों में पानी नहीं आता।

सही बताऊँ तो इन परिवारों की व्यथा सुनकर मुझे तो ऐसा लगता है कि देश में रह रहे सभी हिंदू धर्मगुरुओं को बोल दिया जाए कि जितने भी धर्म परिवर्तन करवा सकते हो, करवा दो। पाकिस्तान में तो मियाँ मिट्ठू जैसे 25-50 मौलवी होंगे, लेकिन हमारे पास तो लाखों साधु-संतों का एक बड़ा वर्ग है, जो चाहे तो यह काम चुटकी में कर सकता है। लेकिन यहाँ तो तुरंत ही सेक्युलरों की बातें सामने आ जाएँगी और हमारे ही धर्म के अनेक लोग इन बातों पर अपनी अनर्गल टिप्पणी करना शुरू कर देंगे।

तो क्या धर्म परिवर्तन एवं धर्म रक्षा की बातों का ख्याल सिर्फ हम हिंदुओं को ही रखना है और यह सिर्फ हिंदुस्तान में ही करना है? पाकिस्तान के उन हिंदुओं की रक्षा कौन और कब करेगा? जो बातें हम पर लागू होती हैं, वे सब बातें पाकिस्तान पर भी लागू होती हैं, तो फिर उन्हें इन बातों को क्यों नहीं याद दिलाया जाता?

1947 में हुए बँटवारे तक ही सिर्फ मुश्किल नहीं थी, आज भी हमारे हिंदू परिवार इस परेशानी से पाकिस्तान में अपनी जान को हथेली में लेकर जी रहे हैं और अपने सनातन धर्म की रक्षा करने की प्रामाणिक कोशिश भी कर रहे हैं। फर्क सिर्फ यह है कि हम कुछ भी करें तो गुनाह है और वे कुछ भी कर लें तो सही!

आइए, मैं आपको आज ऐसे ही एक पाकिस्तानी हिंदू 'माधोभाई' से मुलाकात करवाता हूँ, जो सालों तक पाकिस्तानियों के हर गुनाह को सहन करके अभी-अभी हिंदुस्तान आए हैं; उनके साथ 200-250 और भी परिवार हैं।

मुझे यह करने की जरूरत इसलिए महसूस हुई क्योंकि मैं चाहता हूँ कि हर हिंदुस्तानी को पता होना चाहिए कि पाकिस्तान में हमारे हिंदू परिवारों की क्या स्थिति है और वे लोग किस दयनीय स्थिति और खराब हालात में वहाँ पर जी रहे हैं। जो यहाँ आ गए, उनको तो हमने सँभाल लिया, लेकिन जो अभी भी वहाँ फँसे हैं, उन्हें कौन सँभालेगा? यह बात परिचर्चा की नहीं है लेकिन विहंगावलोकन की है। यह सिर्फ उन हिंदुओं की व्यथा नहीं है बल्कि पूरे हिंदू समाज के लिए शोचनीय है। इस व्यथा को हम सब साथ मिलकर ही समाप्त कर सकते हैं। अकेला मैं या अकेला माधोभाई कुछ नहीं कर सकता। आशा है कि इस व्यथा को सब हिंदू भाई-बहन समझेंगे और फिर उसे दूर करने के लिए तत्पर होंगे!

भवदीय,

—संजय शेरपुरिया

लेखक की कलम से

जब मुझे मजलिस पार्क स्थित महाराणा प्रताप नगर में रह रहे पाकिस्तानी हिंदू शरणार्थियों का दुःख-दर्द देखने का मौका मिला तो मेरा हृदय बहुत दुःखी हुआ। मैंने उसी समय एक पल की देरी किए बिना ठान लिया कि इन लोगों के लिए ऐसा कुछ करना है, जिससे कि इस बस्ती के लोग सम्मानजनक जीवन जी सकें। मेरे लिए यह किसी बस्ती को गोद लेने का विषय नहीं है, बल्कि यह मानवता का विषय है। वो मानवता, जो छिन्न-भिन्न हो चुकी है। वो मानवता, जो धर्म परिवर्तन पर बिक चुकी है। वो मानवता, जिसे किसी विशेष राष्ट्र के अंदर, विशेष जाति के लोगों के द्वारा हिंदुओं को सताया जा रहा है। पाकिस्तानी मुसलमानों द्वारा दी गई विशेष वेदना, असहनीय दर्द और अपनी समस्या को लेकर ये लोग हमारे यहाँ बड़ी आशा के साथ आए हैं।

इस झुग्गी-बस्ती में जाने के लिए मैं केंद्रीय पशुपालन मंत्री श्री गिरिराज सिंह का विशेष आभारी हूँ। आज इस बस्ती में मेरे प्रयासों से जो कुछ काम देखने को मिल रहा है, उसके पीछे गिरिराज सिंहजी ही मेरे प्रेरणास्रोत रहे हैं। बात यूँ हुई कि 13 या 14 सितंबर, 2019 को मैं गिरिराज सिंहजी के आवास पर था। मैं वहाँ पर अपनी रुचि के विषय पशुपालन पर कुछ चर्चा और अपने ज्ञानवर्धन तथा कुछ विषयों पर तकनीकी जानकारी के लिए गया हुआ था। उसी दौरान विश्व हिंदू परिषद् के दिल्ली प्रदेश के कुछ पदाधिकारी और उत्तर-पूर्वी दिल्ली के कुछ भाजपा कार्यकर्ता मंत्रीजी को एक कार्यक्रम में

आमंत्रित करने के लिए पहुँचे हुए थे। यह कार्यक्रम पाकिस्तान से विस्थापित होकर आए हिंदुओं की बस्ती में होनेवाला था। कार्यक्रम में बस्ती के लगभग डेढ़ हजार पाकिस्तानी हिंदू शरणार्थी शामिल होनेवाले थे। मुझे इसी दौरान यह भी पता चला कि इन शरणार्थियों की सुध-बुध लेनेवाला कोई नहीं है और विश्व हिंदू परिषद् उनके जीवन उत्थान के लिए अनेक काम कर रहा है।

विश्व हिंदू परिषद् ने इन शरणार्थियों को नागरिकता मिले, इसी विषय पर कार्यक्रम का आयोजन किया था। कार्यक्रम के महज 3-4 दिन बाद ही 17 सितंबर को माननीय प्रधानमंत्री नरेंद्र मोदीजी का जन्मदिन भी था, इसलिए गिरिराज सिंहजी ने तय किया कि चलो, हम लोग 17 सितंबर के अवसर पर भारतीय जनता पार्टी द्वारा जो 'सेवा दिवस' मनाया जाता है, वो कार्यक्रम मजलिस पार्क में करेंगे। उन्होंने मुझे भी कहा कि तुम भी चलो। कौतूहलवश मैं भी उनके साथ जाने के लिए तैयार हो गया। 17 सितंबर को हम लोग करीब साढ़े आठ बजे उनके निवास से निकलकर लगभग साढ़े नौ बजे आजादपुर सब्जी मंडी के पास मजलिस पार्क मेट्रो स्टेशन पहुँचे, फिर वहाँ से कुछ ही दूरी पर स्थित महाराणा प्रताप बस्ती में गए। उस बस्ती में करीब दो-ढाई हजार की संख्या में लोग इकट्ठा थे और उन लोगों ने गिरिराज सिंहजी को अपनी-अपनी समस्याओं से अवगत कराया। मंत्रीजी ने उनकी वेदना सुनी, आश्वासन दिया कि हम आप लोगों के लिए कुछ-न-कुछ करेंगे।

जब भीड़ के समूह से कुछ लोग आगे बने मंच की तरफ गए तो मैं वहाँ से निकलकर बस्ती को देखने के लिए चला गया। जब मैंने वहाँ की स्थिति देखी, लोगों से चर्चा की, बहन-बेटियों, माताओं और कुछ युवाओं से मिला। उनकी पूरी बात सुनने और समझने के बाद मेरा मन बहुत विचलित हो गया। मैं बहुत दु:खी हो गया। सोचने लगा कि यह कैसा राष्ट्र है पाकिस्तान, वहाँ पर कैसे सोच की जम्हूरियत है, आम जनमानस में कैसी सोच के लोग हैं वहाँ पर, कैसी सोच की सामाजिक संस्थाएँ या धर्मगुरु हैं, जहाँ अभिव्यक्ति की आजादी नाम की कोई चीज ही नहीं है ? जो लोग वहाँ पर जीना चाहते हैं, उनको जीने का कोई अधिकार ही नहीं है !

विशेष रूप से वहाँ पर हिंदू धर्म को माननेवाले जो अल्पसंख्यक हैं, उनकी बहन-बेटियों का अपहरण करके धर्मांतरण किया जाता है। बातचीत से बस्ती के जनमानस की जो पीड़ा निकलकर बाहर आई, उससे पता चला कि हिंदू बहनों-बेटियों को वहाँ के मुसलमान बाल्यावस्था में ले जाते हैं। 18 साल की उम्र तक उन्हें मदरसे में रखकर पढ़ाते हैं, फिर अदालत में ले जाकर धर्म परिवर्तन करते हैं और माता-पिता जब अदालत में जाते हैं तो दूसरी लड़की या लड़के को सुन्नत के हिसाब से बुरका पहनाकर धर्म परिवर्तन का प्रमाण-पत्र ले लेते हैं। वहाँ का न्याय पूरी तरह से हिंदुओं के खिलाफ और मुसलमानों के साथ है।

अल्पसंख्यक हिंदुओं के साथ लूटपाट कर लेना, उनसे मजदूरी कराके अनाज नहीं देना, अनाज बेचने गए तो पूरा अनाज ही ले लेना या फिर कम पैसे देकर वापस भेज देना, ऐसी अनेक समस्याओं का जब विवरण सुना तो मन बहुत व्यथित हो गया। उसी समय मैंने तय किया कि इस बस्ती में मैं दोबारा आऊँगा। रास्ते में बहुत सारी चर्चाएँ हुईं। मंत्रीजी ने भी कहा कि हम बस्ती में स्ट्रीट लाइट लगवा देंगे और इसके अलावा जो छोटी-मोटी व्यवस्था है, वो सब भी करा देंगे। इस प्रकार बस्ती के लोगों के साथ हमारी कई दौर की बैठकें और मुलाकातें हुईं और लोगों ने कई तरह के अपने-अपने सुझाव दिए। लगभग हफ्ते-दस दिन बाद मैं अपने कार्यालय के कर्मचारियों के माध्यम से तैयार कराई गई एक सर्वेक्षण रिपोर्ट लेकर मंत्रीजी के पास गया। उन्हें पूरा विवरण दिया। उन्हें बताया कि इस बस्ती में कुल 1,200 लोग रहते हैं। आबादी में कुल कितनी महिलाएँ हैं, कितने युवा हैं, कितने बच्चे हैं और कितने बुजुर्ग हैं, यह सब विवरण उस रिपोर्ट में था। रिपोर्ट में बस्ती के लोगों की व्यक्तिगत और सार्वजनिक समस्याओं का भी विस्तार से उल्लेख किया गया था। इसके साथ ही हमने अपनी तरफ से इन समस्याओं को दूर करने के लिए कई समाधान भी सुझाए।

बस्ती में काम करने के लिए मैंने समस्याओं को चार भागों में बाँटा। पहला, यह कि वहाँ बुनियादी सुविधाएँ क्या होनी चाहिए, दूसरा, यहाँ पर

रोजगार कैसा होना चाहिए, तीसरा, शिक्षा की व्यवस्था क्या होनी चाहिए और चौथा, धर्म जागरण के लिए क्या होना चाहिए। चार भागों में बाँटने के बाद मैंने दो लक्ष्य बनाए, एक अल्पकालिक और दूसरा दीर्घकालिक। अल्पकालिक लक्ष्य बुनियादी ढाँचों के विकास से संबंधित था। इसके तहत सबसे पहले हमने बस्ती की महिलाओं और वहाँ के पुरुषों के लिए शौचालय का निर्माण कराया। इस काम में क्षेत्र के डीएम और नगर निगम के अधिकारियों का सहयोग लिया। यहाँ के महिला, पुरुष व बालक खुले में शौच करने जाते थे। हमने सबसे पहले इसे बंद कराया। बहुत ही इमरजेंसी में नगर निगम और डीएम ने इनके लिए शौचालय की व्यवस्था बनाने में सहयोग दिया, चूँकि हमारे प्रधानमंत्रीजी का यह सपना है कि खुले में शौच स्वास्थ्य के लिए अच्छा नहीं है, इसलिए स्वच्छ व स्वस्थ भारत, सुंदर भारत और निर्मल भारत के उनके इन्हीं सपनों को लेकर मैं धीरे-धीरे आगे बढ़ा। हमने महिलाओं और पुरुषों के लिए दो भागों में बाँटकर जो शौचालय बनवाया, आज की तारीख में वह इस बस्ती के लोगों के लिए पर्याप्त नहीं है। हमने फिर यहाँ पर कुल 30 शौचालयों का निर्माण करवाया। इसके लिए पाइपलाइन का काम हो चुका है। भूमिगत नालियों का निर्माण किया जा चुका है।

खुले में शौच को रोकना हमारा पहला लक्ष्य था, लेकिन पानी को भी हमने उतना ही महत्त्व दिया। बस्ती में पानी की कोई व्यवस्था नहीं थी। बस्ती के लोग जमीन से पानी निकालकर पीते थे। जब हमने पानी की जाँच कराई तो उसमें कैंसर जैसी घातक बीमारी पैदा करने वाले तत्त्व मिले। मैंने यहाँ पर जो भी काम कराया, वह सब पूरी तरह से वैज्ञानिक तरीके से एक परियोजना के रूप में कराया। जिस तरीके से हम अपना घर या सोसाइटी बनाते हैं, उसी तरीके से यहाँ काम कराया गया। कोई भी जाकर देख सकता है कि अब इस बस्ती की गलियाँ चौड़ी-चौड़ी हैं, रास्ते चौड़े हैं। बीच में जो झुग्गियाँ थीं, अब उनको बस्ती में दूसरी जगह पर इस तरह बसाया गया है कि सड़कें और गलियाँ सीधी हों। हमने बस्ती में बोरवेल का निर्माण कराया, फिर सॉफ्टनर लगवाया; लेकिन उससे काम नहीं चल पा रहा था तो फिर

हमने आरओ लगवाया। बस्ती की चारों दिशाओं में पानी की टंकी लगवाई गई है। अब हर आदमी के घर के नजदीक लगभग 50 मीटर की दूरी पर पानी की व्यवस्था है। हरियाली और शुद्ध हवा के लिए सड़कों के दोनों तरफ पेड़-पौधे लगवाए और प्रत्येक घर के बाहर एक फलदार और एक छायादार वृक्षारोपण करवाया।

फिर हमने बस्ती के ड्रेनेज सिस्टम को बनवाया। भूमिगत नाली का निर्माण किया गया, जिससे कि बस्ती में किसी भी प्रकार की बीमारी न फैले। खुली नालियों को पूरी तरह से बंद करके हमने भूमिगत नालियों की मेन लाइन से जोड़ दिया, फिर हमने स्वच्छता और साफ-सफाई का काम हाथ में लिया। शौचालयों के अलावा 5 स्नानघर बनाए गए हैं। कुछ मित्रों के सहयोग से बस्ती में 20 स्ट्रीट लाइट लगवाई गई हैं। हमारी योजना है कि यहाँ की बस्ती के हर घर में बिजली हो। इसके लिए प्रत्येक घर में एक पंखा, दो ट्यूबलाइट और दो मोबाइल चार्जिंग पॉइंट देने की हमारी योजना है। यह सब हम अपने अल्पकालीन लक्ष्य के अंतर्गत कर रहे हैं। इसी के तहत हमारी एक योजना यह भी है कि बस्ती में एक सामान्य सुविधा केंद्र, यानी कॉमन फैसिलिटी सेंटर बनाया जाए। इसमें विद्यालय, मंदिर, कौशल विकास केंद्र आदि को शामिल किया गया है। फिलहाल बस्ती की कुछ महिलाएँ अपने घर में ही सिलाई-बुनाई का कुछ काम कर रही हैं। हमने उनके उत्पादों को बाजार से जोड़ दिया है।

दीर्घकालिक लक्ष्य की योजना के अंतर्गत हमने महिलाओं के सशक्तीकरण के लिए बहुत बड़ी तैयारी कर रखी है, जिसे आनेवाले समय में लागू करेंगे। महिलाओं के लिए कौशल विकास के तहत एक सिलाई प्रशिक्षण केंद्र खोलेंगे। इसके लिए हमने सोलर सिलाई मशीन और सोलर चरखा देने की योजना बनाई है, जिससे कि उनका अपना जीवनयापन हो। बस्ती में सिंध प्रांत के लोग आकर बसे हैं। सिंध प्रांत धागा निर्माण का एक बहुत बड़ा केंद्र है। यहाँ की महिलाएँ एंब्रॉयडरी की कला में पारंगत होती हैं। हमारा प्रयास है कि उनकी इस कला को मार्केटिंग के स्तर पर ले जाकर खादी विभाग से

जोड़ा जाए। इसके अलावा हमने युवाओं के लिए एक सेंट्रलाइज्ड किचन बनाने की योजना तैयार की है। इस किचन में बने भोजन को इ-रिक्शा और फूड ट्रक के द्वारा बड़े-बड़े कॉल सेंटरों में टिफिन पहुँचाने का काम करेंगे। हम यहाँ के युवाओं को ई-रिक्शा और फूड ट्रक लेकर देंगे और इसके लिए फाइनेंस की व्यवस्था करेंगे। इनके लिए सेंट्रल किचन बनाने की व्यवस्था भी हमारी संस्था दिल्ली राइडिंग क्लब फाउंडेशन की तरफ से की जाएगी। इसके द्वारा यहाँ के नवयुवक अपना जीवनयापन कर सकेंगे। हम आपको बता दें कि इन लोगों की हालत देखने के बाद ही हमारे मन में दिल्ली राइडिंग फाउंडेशन बनाने का विचार आया था। कुछ मध्यम व थोड़े-बहुत पढ़े-लिखे युवाओं को हम दिल्ली से सटे उत्तर प्रदेश के नोएडा में कुछ मोबाइल फैक्टरियों में कौशल विकास कार्यक्रम से जोड़कर प्रशिक्षण प्रदान करने की व्यवस्था कर रहे हैं। इसके माध्यम से इन युवाओं को विदेशी कंपनियों में नौकरी मिलेगी, क्योंकि वहाँ पर काफी संख्या में प्रशिक्षित युवाओं की जरूरत है। साथ-ही-साथ एक माइक्रोफाइनेंस सिस्टम भी विकसित किए जा चुका है, जहाँ 5 हजार रुपए से लेकर दो लाख रुपए तक के ऋण की सुविधा उपलब्ध है। इससे ये लोग ठेला, खोमचा, गल्ले की दुकान या स्ट्रीट वेंडर, फुटपाथ पर मोबाइल उपकरणों को बेचकर अपनी खुद्दारी और ईमानदारी के साथ काम करके अपना जीवनयापन कर रहे हैं।

बस्ती के बच्चों और बालिकाओं की शिक्षा के लिए हमने एकल विद्यालय की व्यवस्था की है और आगे के लिए इमारत निर्माण का काम चल रहा है। यहाँ पर बहुत जल्द ही कक्षा 5वीं तक विद्यालय आरंभ हो जाएगा और आगे इसको हम सरकारी स्कूलों के साथ जोड़ देंगे, ताकि भविष्य में जिन बालक-बालिकाओं को पढ़ने की इच्छा हो, वे अपना जीवन जीने के लिए आवश्यक व्यवस्था स्वयं कर सकें। इसके साथ-ही-साथ हिंदू शरणार्थियों की बढ़ती हुई जनसंख्या को ध्यान में रखकर हम इनके लिए घर बनाने में अपने मित्रों के साथ मिलकर छोटी-छोटी आर्थिक मदद करते हैं, जिससे कि ये लोग स्वाभिमान के साथ जी सकें। हमारा यही प्रयास है कि ये

लोग पाकिस्तान से जो दु:ख-दर्द लेकर आए थे, उसे हिंदुस्तान में भूल जाएँ और एक हिंदू परिवार के साथ उसी तरह घुल-मिल जाएँ, जैसे दूध में चीनी मिल जाती है। मुझे विश्वास है कि बहुत जल्द ही आनेवाले समय में कुछ ही महीनों के अंदर इन्हें भारत की नागरिकता भी मिल जाएगी, क्योंकि भारत सरकार ने इनके लिए नागरिकता संशोधन विधेयक को संसद् के दोनों सदनों द्वारा पारित कराकर कानून बना दिया है।

मैं विशेष रूप से आभारी हूँ दिल्ली राइडिंग क्लब फाउंडेशन, विश्व हिंदू परिषद्, सेवा भारती, रोटरी क्लब ऑफ दिल्ली, गार्डन सिटी, दिल्ली, नागरिक फाउंडेशन, एसडीजी चौपाल, अक्षय पात्र का, जो जनभागीदारी द्वारा पाकिस्तानी हिंदू शरणार्थियों का सम्मानजनक जीवनयापन सुनिश्चित करने के हमारे प्रयास में सहभागी बने।

आपका,

—संजय शेरपुरिया

अनुक्रम

मैं माधोभाई : एक पाकिस्तानी हिंदू

मेरी अनकही कहानी

मेरा नाम माधोभाई है। मैं एक पाकिस्तानी हिंदू हूँ। मैं पाकिस्तान के सिंध प्रांत के टंडोलीयार हैदराबाद का रहनेवाला हूँ। पाकिस्तान से भारत में लोग दो तरह के वीजा पर आते हैं। एक फैक्स वीजा और दूसरा धार्मिक यात्रा वीजा। फैक्स वीजा पर वो लोग आते हैं, जिनके रिश्तेदार भारत में हैं। रिश्तेदार फैक्स भेजते हैं। इसके बाद जाँच होती है और जाँच से संतुष्ट होने पर पाकिस्तान सरकार वीजा देती है। दिल्ली में हमारा कोई रिश्तेदार नहीं था, गुजरात में था, इसलिए पहले हमारा वीजा गुजरात के लिए लगा था। फैक्स वीजा मिलने के बाद मैं 20 मार्च, 2014 को अपने पूरे परिवार के साथ भारत आ गया। मेरे दो भाई फैक्स वीजा पर 2017 भारत आए। हम वहीं से यह फैसला करके आए थे कि एक बार पाकिस्तान से निकलकर भारत पहुँच जाएँ तो फिर दोबारा वापस नहीं लौटेंगे। हमने तय कर लिया था कि भले ही आधी रोटी खाएँगे, मर जाएँगे, लेकिन भारत आने के बाद हम पाकिस्तान वापस नहीं जाएँगे, हम मरेंगे या जिएँगे, भारत में ही रहेंगे। मैं चार साल गुजरात के पाटण जिले में रहकर आया हूँ। वहाँ हमारे रिश्तेदार रहते हैं। हमारे परिवार के कुछ लोग दिल्ली में और कुछ गुजरात में रह रहे हैं।

पाकिस्तान में हिंदुओं की खराब स्थिति का अंदाजा आप इसी से लगा सकते हैं कि लगभग 1200 लोग पाकिस्तान के विभिन्न भागों से आकर दिल्ली के आदर्श नगर में रह रहे हैं। ये लोग 50-50 के जत्थे में पाकिस्तान

से आए थे। हजारों हिंदू और गैर-मुसलिम पाकिस्तानी दिल्ली व भारत के कई अन्य इलाकों में रह रहे हैं। इनमें से कई लोग हरिद्वार का वीजा लेकर आए थे। आप सोच रहे होंगे कि हमने अपना वतन हमेशा-हमेशा के लिए छोड़ने का इतना बड़ा फैसला क्यों किया? अपना वतन किसे प्यारा नहीं होता है, लेकिन देश के बँटवारे ने हमें ऐसा दर-बदर किया कि हम अभी तक अपने वतन की तलाश में भटक रहे हैं। दिल्ली में हम जब यहाँ आए तो मेट्रो निर्माण का काम चल रहा था। हम आज जहाँ बसे हैं, वह सरकारी जमीन थी, इसलिए हमें यहाँ कोई बैठने भी नहीं देता था। हमने पुलिस थाने जाकर काम करने का कागज बनवाया, फिर पाँच-दस परिवार आते गए और हम धीरे-धीरे यहाँ काम-धंधा करने लगे और अस्थायी झुग्गी बनाकर रहने लगे। शुरू में हमें यहाँ भी प्रशासन की तरफ से काफी परेशानी का सामना करना पड़ा। पहले यहाँ कुछ भी नहीं था। बिजली, पानी कुछ भी नहीं था। जब हम यहाँ आए तो विश्व हिंदू परिषद् के लोगों ने काफी सहारा दिया। विश्व हिंदू परिषद् के महावीर गुप्ताजी ने हमारी बहुत सहायता की। वह 2013 से ही यहाँ पाकिस्तान से आए शरणार्थियों की सहायता कर रहे थे। उन्होंने हमें बरतन, राशन और गैस सिलेंडर आदि दिए। शुरू में यहाँ कुल 35 परिवार आए थे।

मीडिया में जब हम लोगों की कहानी आई तो उसे सुनकर 2019 में केंद्रीय मंत्री गिरिराज सिंहजी यहाँ आए, फिर दिल्ली राइडिंग क्लब के संजय शेरपुरियाजी आए। पूरी बस्ती घूमकर देखी। इन लोगों की सहायता से हमारी बस्ती में बुनियादी सुविधाएँ मिलने लगीं। इन लोगों की सहायता से हमारी इस बस्ती में अंडरग्राउंड गटर बनवाया गया, स्वच्छ पानी और रात में रोशनी के लिए 20 सोलर लाइट की सुविधा उपलब्ध कराई गई। महिलाओं के लिए सिलाई मशीन की व्यवस्था की जा रही है, जिससे कि वे अपना खुद का रोजगार कर सकें। तकलीफ में संजय शेरपुरियाजी की तरफ से हमारे लिए राशन-पानी की भी व्यवस्था की गई। इस समय हमारी इस महाराणा प्रताप बस्ती में कुल 280 परिवार के लगभग 1200 लोग हैं, जो पाकिस्तानियों की

प्रताड़ना से परेशान होकर यहाँ आए हैं। इसमें लगभग 500 बच्चे हैं। कुछ बच्चे सरकारी स्कूलों में पढ़ने जाते हैं। अब हमारी बस्ती में संजय शेरपुरिया भाई की मदद से एक स्कूल खुल रहा है। अभी इसका निर्माण कार्य चल रहा है। यह एकल विद्यालय है। इसमें अभी लगभग 150 बच्चे पढ़ने आ रहे हैं। सप्ताह में छह दिन पढ़ाई होती है।

मेरी दुःख भरी कहानी सुनने के लिए आपको थोड़ा पीछे की कहानी को सुनना होगा। 1947 का समय था। देश को अंग्रेजों की गुलामी से मुक्त कराने का संघर्ष अपने चरम पर था। देश में मचे भयंकर खून-खराबे के बीच भारत माता के दो टुकड़े कर दिए गए। देश बँटा तो आबादी भी बँट गई। हमारे कुछ पूर्वज सिंध प्रांत से गुजरात में गए थे। वे अहमदाबाद के चाँदखेड़ा में आकर रहे। यहाँ से फिर वे लोग गुजरात के ही पाटण जिले के हारिज इलाके में गए। देश के बँटवारे के साथ ही हमारे परिवार की दुर्दशा की शुरुआत हुई। बँटवारे के बाद गुजरात सरकार ने उनसे पूछा कि आप लोग क्या करोगे? उन्होंने बताया कि हम खेती करनेवाले लोग हैं, इसलिए खेती करेंगे। गुजरात में उस समय की हुकूमत ने उनको जमीनें दीं। मेरे

पिताजी को 16 एकड़ जमीन मिली थी। मेरे दादाजी को भी जमीन मिली थी। आज भी मेरी जमीन वहाँ है। आज भी मेरे पास इस जमीन का सात बार का 'उतारा' है। जमीन तो मिली, लेकिन पानी नहीं था। मेरे पिताजी, दादाजी और परिवार के अन्य लोग व रिश्तेदार यहाँ 12-13 साल रहे, लेकिन पानी नहीं होने के कारण खेती नहीं हो पाती थी। ये लोग खेती करने के लिए पाकिस्तान के सिंध प्रांत में जाते थे। थारपारकर से एक रास्ता था। वो लोग एक रात में पाकिस्तान जाते थे, फिर उधर 6 महीने, 12 महीने खेती करके वापस लौट आते थे, फिर एक-दो महीना इधर रहकर वापस चले जाते थे। उस समय बॉर्डर खुला हुआ रहता था। सीमा पर आवागमन काफी आसान था। 1985-90 तक उन लोगों का आना-जाना लगा रहा, लेकिन इसी बीच बॉर्डर बंद हो गया। जो लोग वहाँ खेती करने गए थे, उनके पास कोई दस्तावेजी सबूत भी नहीं था। हमारे परिवार के कुछ लोग यहाँ रह गए और कुछ लोग पाकिस्तान में। हमारे पिताजी के पास सिंध में रहने के अलावा कोई रास्ता ही नहीं बचा। सीमा पर आवागमन पूरी तरह बंद हो जाने के कारण हमारा भारत आने का रास्ता भी बंद हो गया। मजबूरी में हमारे पास पाकिस्तान का नागरिक बनने के अलावा और कोई दूसरा विकल्प ही नहीं बचा था, लिहाजा हमारा परिवार सिंध प्रांत के टंडोलीयार में बस गया।

समय बीतने के साथ पाकिस्तान में हमारे साथ भेदभाव की इंतेहा हो गई थी। वहाँ के लोग हमें कोई काम-धंधा नहीं करने देते थे। हर बात में हमें परेशान करते थे। ताना मारते थे कि तुम हिंदू हो। हम अपने बच्चों को, विशेष रूप से बेटियों को नहीं पढ़ा पाते थे। वहाँ के जमींदार हमें गुलाम बनाकर रखते थे। खेती का काम करने को बोलते थे और कहते थे कि हमें कमाकर दो। हम सब जमींदार की जमीन पर काम करते थे। भारत की तरह पाकिस्तान में भी आधे-आधे अनाज की हिस्सेदारी पर खेती कराई जाती है, लेकिन जमींदारों का हिसाब-किताब करनेवाला मुंशी बेईमानी करता था। खेती हमारा परिवार करता था और उनके घरों में अनाज भर जाता था। मुंशी जो हिसाब करता था, वह, ट्रैक्टर, खाद, बीज और पानी का खर्चा बनाकर

इस तरीके से हिसाब करता था कि हमारे घर में पेट भरने का अनाज भी बड़ी मुश्किल से आ पाता था, सिर्फ पाँच-दस हजार की बचत होती थी, वह भी नहीं देते थे। अगर किसी चीज का भाव ज्यादा बढ़ जाता था और बीस-तीस-चालीस हजार की बचत होती थी तो वो बोलता था कि 'मेरे पास से चला जा, जिसको बोलना है, बोल, हम तेरा हिसाब-किताब नहीं करेंगे।' जमींदार और मुंशी मिलकर पूरा हिस्सा खा जाते थे। वहाँ की स्थिति ऐसी थी कि ये लोग हिंदू लोगों को दबाकर रखते थे। उनकी कोई नहीं सुनता था। जमींदार बड़े होते थे, वो पुलिस को फोन कर देते थे और ये सब मिलकर हमारे हिस्से का पैसा तथा अनाज खा जाते थे।

मेरे एक भाई अमर सिंह हैं। इन्होंने टंडोलीयार के एक जमींदार असलम सोनार की जमीन पर बटाई में टमाटर और केले आदि की खेती की थी। खेती से एक बार इनकी ढाई लाख रुपए की बचत हुई थी। इन्होंने जब असलम से पैसे माँगे तो जमींदार ने पैसे देने से इनकार कर दिया। उसने कहा, 'पैसे नहीं दूँगा, जिसको बोलना है, जाकर बोल दे।' मेरे भाई ने उसकी शिकायत पुलिस और वहाँ के अन्य बड़े लोगों से की, लेकिन कुछ नहीं हुआ। असलम सारा पैसा पैसा हड़प गया और आज तक एक पैसा भी नहीं दिया। वहाँ के जालिम जमींदार इस तरह का व्यवहार खेत में काम करनेवाले सभी हिंदुओं के साथ करते थे।

अपने पूर्वजों की जमीन को हमेशा-हमेशा के लिए छोड़कर किसी दूसरी जगह जाकर बसने का फैसला बहुत कठिन और पीड़ादायक होता है, लेकिन हमारे सामने अपने वजूद, अपनी सभ्यता-संस्कृति, अपनी बहू-बेटियों और अपने धर्म को बचाने का संकट था, इसलिए वहाँ से भारत आने का फैसला करना ही पड़ा। वो लोग हमसे बोलते थे कि पाकिस्तान इसलामी जम्हूरिया है। हमारे पासपोर्ट में भी इसलामी जम्हूरिया पाकिस्तान लिखा है, क्योंकि वहाँ की हुकूमत भी ऐसी ही है। वहाँ सिर्फ इसलाम को ही कबूल करनेवाले लोग रह सकते हैं। वहाँ के स्कूलों में एक घंटा इसलामी शिक्षा का पीरियड चलता था। हमें अनिवार्य रूप से कलमा पढ़ना पड़ता

था। हमारे धर्म की पुस्तक जैसे गीता, रामायण को पढ़ने नहीं दिया जाता था। हमारे सामने धर्म का संकट था। हमारी सबसे बड़ी चिंता यही थी कि अभी तो जैसे-तैसे करके हमारी उम्र निकल गई, लेकिन हमारे बाद हमारे बच्चों का क्या होगा? वे अपने धर्म के लिए क्या करेंगे? अगर हमारा धर्म ही नहीं बचेगा तो हम जी कर क्या करेंगे? अपने धर्म की रक्षा के लिए हम अपना सबकुछ छोड़कर यहाँ आ गए। अपने पुरखों की जमीन, अपने रिश्तेदारों को छोड़ना, यह बेहद तकलीफ वाली बात होती है, लेकिन हमारे पास इसके अलावा कोई दूसरा रास्ता ही नहीं बचा था।

वहाँ मिट्ठू मियाँ नाम का एक आदमी है। मिट्ठू मियाँ हिंदुओं का धर्म परिवर्तन कराने के लिए बेहद कुख्यात है। वह मदरसे चलाता है। वह विशेष तौर पर हिंदू लड़कियों का जबरन धर्म परिवर्तन कराता है। मियाँ मिट्ठू का काम ही मदरसे चलाना है। उसने वहाँ पर कई मदरसे खोल रखे हैं। इन मदरसों के माध्यम से वह हिंदुओं को मुसलमान बनाता है। मदरसों में पढ़ानेवाले मुल्ले इस काम को मदरसों में उसकी सहाता करते हैं। सब-के-सब आपस में मिले हुए हैं। मियाँ मिट्ठू का यही धंधा है। कुछ साल पहले की एक घटना काफी चर्चित हुई थी। आठवीं कक्षा में पढ़ने वाली अनीता नाम की एक लड़की को इसके आदमी उठाकर ले गए और जबरदस्ती उसे मुसलमान बनने को मजबूर कर दिया। यह घटना वडेरोलाल शहर की है। उसके माता-पिता ने अदालत में केस कर दिया। अनीता की उम्र 14 साल थी। वहाँ बुरका पहनते हैं, सिर्फ आँखें दिखाई देती हैं। अगर ध्यान नहीं दिया तो अदालत में दूसरी लड़की को खड़ा कर देते हैं, फिर वो बयान ले लेते हैं और अदालत फैसला दे देती है कि लड़की मुसलमान हो गई और 14 साल की उम्र होने के कारण नाबालिग है, इसलिए बालिग होने तक 4 चार साल वह मदरसे में रहेगी। अनीता जैसी पता नहीं कितनी हिंदू लड़कियों को इन लोगों ने जबरन मुसलमान बनने को मजबूर किया है।

मैंने इंटर तक की पढ़ाई की है। मुझे कलमा पढ़ना आता है। मैंने सिंधी और उर्दू भाषा में पढ़ाई की है। पाकिस्तान में हिंदुओं की दुर्दशा का आलम यह था कि खेती-बाड़ी में शोषण के अलावा सामाजिक असुरक्षा के माहौल में वे जीने को अभिशप्त हैं। गाँव में अपने घर में सोने में भी डर लगता था। एक-दो लोग रात में बैठकर जागते रहते थे। हमेशा यह डर सताता रहता था कि कोई घर में घुसकर लूट न ले जाए। दिन-रात सुकून नहीं था। मैंने तो बाद में अपना घर शहर में बना लिया था, लेकिन मेरे अन्य भाई किसी एक जगह पर नहीं रहते थे। कभी इस जमींदार के पास तो कभी उस जमींदार के पास। जहाँ काम करते थे, वहीं एक झोंपड़ी बना लेते थे। कोई अच्छा जमींदार मिल गया तो एक-दो साल तक टिके रहते थे, नहीं तो छह महीने

बाद दूसरे जमींदार के खेत में काम करने के लिए घर छोड़कर नई जगह पर ठिकाना बनाना पड़ता था। एक साथ 40-50 परिवार इस तरह एक जगह से दूसरी जगह पर जमींदारों के यहाँ जाकर खेती-बाड़ी का काम करते थे।

वहाँ काम की वजह से हम सब अलग-अलग रहते थे। मैंने पाकिस्तान में कुछ समय तक होमियोपैथी डॉक्टर का भी काम किया। लगभग 18 साल तक मैंने वहाँ पर होमियोपैथी का क्लीनिक चलाया। इसके साथ ही मैं केले का व्यापार भी करता था। हम कच्चा केला खरीदकर बेचते थे। मेरा एक दूसरा भाई है, वो भी भारत आ गया है और दिल्ली के मजनूँ का टीला में रहता है। पाकिस्तान में मेरे पास गाड़ी भी थी। वह भी अल्लाबेशक नाम के एक मुसलमान ने छीन ली और पुलिस में उलटे हमारे ऊपर चोरी-डकैती के झूठे-झूठे केस लगा दिए। पुलिस और वहाँ के मुसलमानों ने मुझसे लाखों रुपए लिये। पैसे देने के बाद भी वो हमारी जान के पीछे पड़ गए। धमकी देते थे कि अगर पैसे नहीं दोगे तो तुमको मार डालेंगे, तुम्हारे बच्चों को उठा ले जाएँगे। पुलिस भी उनकी, नुमाइंदे भी उनके, जज भी उनके, सबकुछ उनका! झूठे केस लगाकर हमें मजबूर करके ये सब सिर्फ पैसे लेते थे। इन लोगों ने हमें बहुत परेशान किया। एक तो काम नहीं करने देते थे और दूसरे वहाँ के मुसलमान हमें तंग करते थे। हम जो कुछ कमाकर, मेहनत करके इकट्ठा करते थे, वे सब छीन लेते थे।

अब प्रधानमंत्री नरेंद्र मोदीजी की सरकार ने हमारे लिए नागरिकता कानून बना दिया है। हमें आदेश का कागज मिल गया है और हम भारत के नागरिक बन गए हैं। सीएए यानी नागरिकता कानून बन जाने के बाद अब जल्द ही हमें राशनकार्ड मिल जाएँगे। हम यहाँ के स्कूलों में अपने बच्चों को पढ़ा सकेंगे। अगर बच्चे ठीक से पढ़ लिये तो उन्हें नौकरी भी मिलेगी। हम पूरी तरह से भारत के नागरिक हो जाएँगे। हम चाहते हैं कि हमारे रहने के लिए यहाँ पर कुछ पक्के मकान बन जाएँ। अभी तो हम फूस और मिट्टी से बने घरों में रह रहे हैं। इन घरों को हमने अपने हाथ से बनाया है। बारिश के मौसम में हमें काफी परेशानी होती है। प्रधानमंत्री मोदीजी ने यह जो कानून

बनाया है, इससे न केवल हम लोग बेहद प्रसन्न हैं, बल्कि पाकिस्तान में मुसलमानों के हाथों प्रताड़ना सहनेवाले और जिल्लत की जिंदगी जी रहे सभी गैर-मुसलिम खुश हैं। ये लोग भी अब भारत आएँगे और यहाँ के नागरिक बनकर सम्मान का जीवन जिएँगे। मुझे पता है, पाकिस्तान में हजारों हिंदू व अन्य गैर-मुसलिम अपना पासपोर्ट बनवाकर बैठे हैं। अगर उन्हें वीजा मिले तो अपने परिवार के साथ कल ही भारत आ जाएँगे, क्योंकि वहाँ उनको देखनेवाला कोई नहीं है। वहाँ केवल यही कहा जाता है कि 'हम मुसलमान हैं, हम पवित्र हैं, हम जन्नत में जाएँगे, तुम हिंदू हो, बुतों की पूजा करते हो, नरक में जाओगे।' मंदिर में हमें पूजा नहीं करने दी जाती थी। अगर किसी दिन मंदिर में आरती कर ली तो वहाँ के मुसलमान हमसे लड़ने के लिए आ जाते थे। वो कहते थे कि आरती मत करो, हमारी नींद खराब होती है, जबकि मसजिदों में अजान के लिए लाउडस्पीकर की अनुमति है! कई बार हमारे मंदिरों को इन लोगों ने तोड़ा है। कोई भी छोटा-मोटा झगड़ा हो जाता था तो ये लोग हमारे मंदिरों को ही निशाना बनाते थे। हिंदुओं में वहाँ अगर कोई मर गया तो भजन आदि का कार्यक्रम करते हैं। मुसलमान हमें यह भी नहीं करने देते थे। वह कहते थे कि मरने के बाद तुम हिंदू लोग खुशी मनाते हो, ढोल बजाते हो! हर चीज में वे हमें परेशान करते थे। वहाँ हमें लाशों का अंतिम संस्कार करने में भी काफी परेशानी होती थी। जमींदार लोग हमें शवों को जलाने भी नहीं देते थे, कहते थे कि हमारी जमीन में मत जलाओ। मजबूरन हमें शवों को दफन करना पड़ता था। वहाँ न तो धार्मिक और न ही जीने की आजादी है।

आज जब मैं आपसे बात कर रहा हूँ, 11 अगस्त, 2020 का दिन है। पाँच दिन बाद हम सब यहाँ स्वतंत्रता दिवस समारोह मनाएँगे। इस समय बारिश का मौसम है। मेरे पास पाकिस्तान के सिंध प्रांत से भारत आए हमारे हिंदू भाई सादुरो रूपो और रमेश गनियो आए हुए हैं। माहौल बेहद उमस भरा है। हमारे फूस के घरों में काफी उमस है। बच्चे मैदान में खेल रहे हैं। हम लोग नवनिर्मित मंदिर में बैठे हैं। 24 मार्च, 2020 को जब प्रधानमंत्री

नरेंद्र मोदी ने वैश्विक महामारी कोरोना के कारण देशभर में लॉकडाउन की घोषणा की थी, उसके कुछ दिन पहले ही ये दोनों पाकिस्तान के सिंध प्रांत से भारत आए हैं। इन लोगों ने भी हमारी तरह पाकिस्तान छोड़ते समय यही तय किया था कि अब उस नरक में दोबारा वापस नहीं लौटेंगे। इन लोगों की दिल्ली पुलिस की तरफ से इन्क्वायरी आई है। इनका वीजा समाप्त होनेवाला है। इसे बढ़वाना है। बस्ती का प्रधान होने के नाते मैं इन दोनों के दस्तावेजों की जाँच कर रहा हूँ। इनके दस्तावेज पूरे हो जाएँगे तो मैं पुलिस के पास आगे की काररवाई के लिए भेज दूँगा। दिल्ली पुलिस की स्पेशल ब्रांच की तरफ से हमारी बस्ती में पाकिस्तान से आए सभी हिंदू परिवारों के सदस्यों का पहचान-पत्र व उनके नाम, जन्मतिथि, पता आदि सबूतों के साथ दस्तावेज माँगे गए हैं। मैं इन दस्तावेजों को इकट्ठा करने में जुटा हुआ हूँ।

लॉकडाउन के कारण इस समय हमारी बस्ती का एकल विद्यालय बंद है। बच्चे घर पर ही पढ़ाई कर रहे हैं, लेकिन बिजली न होने के कारण हमें बरसात के इस मौसम में काफी दिक्कत का सामना करना पड़ रहा है। बच्चों की ऑनलाइन पढ़ाई सही तरीके से नहीं हो पा रही है। बिजली की समस्या के कारण हम लोगों को एक-दो नहीं, बल्कि कई तरह की समस्याओं का सामना करना पड़ता है। जब बारिश होती है तो मौसम थोड़ा ठंडा हो जाता है, लेकिन बारिश न होने पर उमस इतनी अधिक हो जाती है, हम लोग काफी परेशान हो जाते हैं। हमने बिजली के लिए आवेदन दे रखा है, लेकिन बिजली अधिकारी इसमें देरी कर रहे हैं।

बारिश के मौसम में हमें गरमी से तो थोड़ी-बहुत राहत मिल जाती है, लेकिन इसके साथ ही पूरी बस्ती में कई दूसरी समस्याएँ पैदा हो जाती हैं। हमारे घरों में पानी घुस जाता है। पानी के साथ-साथ साँप-बिच्छू और दूसरे खतरनाक कीड़े-मकोड़े हमारे घरों में घुस जाते हैं। इसकी वजह से हम लोग रात में सो नहीं पाते हैं। हमारी बस्ती के चारों तरफ पानी भर जाता है। बस्ती की सड़क अभी कच्ची है, हमारे मकान भी कच्चे हैं, इसके कारण छत से भी पानी टपकने की समस्या रहती है। सड़क कच्ची होने के कारण

हमारा बाहर निकलना भी काफी मुश्किल हो जाता है। सड़क और बिजली की व्यवस्था हो जाए तो हमारी बस्ती की समस्याओं का काफी हद तक समाधान हो जाएगा।

मैं, आपको एक बार फिर से बताना चाहूँगा कि केंद्रीय मंत्री गिरिराज सिंहजी के सक्षम नेतृत्व में हमारी बस्ती के लिए 'दिल्ली राइडिंग क्लब' के संजय शेरपुरिया साहब जो काम कर रहे हैं, वह आज तक किसी ने नहीं किया। अभी कुछ दिन पहले ही 'दिल्ली राइडिंग क्लब' की तरफ से हमारी बस्ती में 28 शौचालय और 2 स्नानागार का निर्माण कराया गया है। इनके बन जाने से हमारी बस्ती की महिलाओं और बच्चियों को अब शौच के लिए

बाहर जाने की समस्या से पूरी तरह निजात मिल चुकी है।

हमारी बस्ती के मंदिर का उद्घाटन 26 जुलाई, 2020 को किया गया। इस अवसर पर संजय शेरपुरिया ने हमारे मंदिर में एक पूजा और विशाल भंडारे का आयोजन किया था। पूजा के लिए काशी से 14–15 ब्राह्मण बुलाए गए थे। इतना ही नहीं, जब कोरोना संकट के कारण हमारी बस्ती के लोगों का काम-धंधा छूट गया था तो 'दिल्ली राइडिंग क्लब' की तरफ से संजय शेरपुरिया ने हम सभी परिवारों के लिए राशन-पानी का प्रबंध किया। बस्ती के लोगों को चप्पल भी बाँटी गईं। प्रसाद के रूप में मिठाई के 500 पैकेट पूरी बस्ती में बाँटे गए।

आदर्श नगर में पाकिस्तान से प्रताड़ित होकर आए हिंदुओं की दो बस्तियाँ हैं। एक बस्ती का प्रधान मैं हूँ और दूसरी बस्ती के प्रधान का नाम नेहरू है। दूसरी बस्ती में कुल फिलहाल कुल 115 परिवार रह रहे हैं। वहाँ पर दूसरी संस्था सहयोग दे रही है। संजय भाई ने दूसरी बस्ती के लोगों को भी सहायता की पेशकश की थी, लेकिन प्रधान ने मना कर दिया, इसलिए वह हमारी बस्ती में ही काम करते हैं।

हमारे बच्चों की पढ़ाई के लिए संजय भाई ने शैक्षणिक सामग्री का भी वितरण किया है। हमारे बच्चे पढ़ाई-लिखाई के साथ शारीरिक रूप से स्वस्थ रहें, वह इसका भी पूरा ध्यान रखते हैं, इसलिए उनके प्रयास से अभी कुछ दिन पहले उनकी पहल पर हमारी बस्ती में जाने-माने क्रिकेट खिलाड़ी शिखर धवन आए थे। शिखर धवन बस्ती के बच्चों को क्रिकेट खेलने के लिए 8 किट्स देकर गए। संजय भाई के प्रयास के कारण हमारी बस्ती में 'रोटरी क्लब फाउंडेशन' के लोग भी आए थे। वे हमारे स्वास्थ्य की जाँच के लिए डॉक्टरों को लेकर आए थे। डॉक्टरों ने बस्ती के सभी परिवारों की हैपेटाइटिस जाँच की। जिसकी बीमारी का पता चला, उसका नि:शुल्क इलाज भी कराया गया। पूरी बस्ती में 'दिल्ली राइडिंग क्लब' की पहल पर चारों तरफ 1,500 पेड़ भी लगवाए गए हैं।

□

सिंध का शैतान : मियाँ मिट्ठू, जिसके नाम से काँपती है हिंदुओं की रूह

अगस्त 1947 में देश के बँटवारे के बाद जब पाकिस्तान के कायदे आजम मोहम्मद अली जिन्ना ने 11 अगस्त, 1947 को वहाँ की नेशनल असेंबली में भाषण दिया था। जिन्ना ने अपने भाषण में कहा था, 'आप स्वतंत्र हैं। पाकिस्तान देश में आप अपने मंदिरों में जाने के लिए स्वतंत्र हैं, आप अपनी मसजिदों या पूजा के अन्य स्थलों पर जाने के लिए स्वतंत्र हैं। आप चाहे जिस किसी भी धर्म, जाति या संप्रदाय को माननेवाले हैं, उसका पाकिस्तान सरकार से कोई लेना-देना नहीं है। हम इस बुनियादी सिद्धांत के साथ शुरुआत कर रहे हैं कि हम सभी इस राष्ट्र के बराबरी के हकवाले नागरिक हैं। अब मेरा विचार है कि हम सभी इसे अपने सामने एक आदर्श के रूप में रखें और आप देखेंगे कि समय के साथ हिंदू अपने आप को हिंदू कहना बंद कर देंगे और मुसलमान अपने आप को मुसलमान कहना बंद कर देंगे, लेकिन यह धार्मिक रूप में नहीं होगा, क्योंकि धर्म प्रत्येक व्यक्ति की निजी आस्था है, बल्कि यह राजनीतिक रूप में राष्ट्र के एक नागरिक के तौर पर होगा।'

मोहम्मद अली जिन्ना के इस बयान को नवगठित राष्ट्र पाकिस्तान के घोषणा-पत्र और धर्म एवं राष्ट्र की भूमिका पर उनके नजरिए के तौर पर देखा गया, लेकिन समय बीतने के साथ वहाँ के हुक्मरानों ने उनकी

इस नसीहत को रद्दी की टोकरी में फेंक दिया और 1970 एवं 1980 के दशक में पाकिस्तान की सरकार द्वारा वहाँ के मुसलमानों व गैर-मुसलमानों को बराबरी का हक देने के बजाय कट्टरपंथी ताकतों को पुरजोर तरीके से बढ़ावा दिया गया। आजादी के बाद यहाँ पर सबसे पहले फौज में कट्टरपंथियों की जमात को भरा गया, क्योंकि पाकिस्तानी हुक्मरानों के दिल में कश्मीर को नहीं हड़प पाने की टीस थी। जब जनरल जिया उल हक ने जुल्फिकार अली भुट्टो का तख्ता पलट किया और उन्हें झूठे आरोप में फाँसी पर लटका दिया तो उसके बाद से पाकिस्तान पूरी तरह कट्टरपंथ के रास्ते पर चल पड़ा। सेना के साथ-साथ राजनीति और समाज में भी कट्टरता बढ़ने लगी। सेना और सरकारी संस्थानों में भर्तियाँ भी मजहब के आधार पर होने लगीं। यह वो समय था, जब अमेरिका ने अफगानिस्तान से रूस के वर्चस्व को समाप्त करने के लिए छद्म युद्ध की शुरुआत की थी। पाकिस्तान अमेरिका के हाथों का खिलौना बन गया, देखते ही वहाँ की सेना में कट्टरपंथियों की जमात का कब्जा हो गया। सेना और वहाँ की खुफिया एजेंसी आईएसआई ने अमेरिका को सहायता देने की आड़ में आतंकवादी संगठनों को खड़ा करना शुरू किया और 1989 के बाद जम्मू-कश्मीर में आजादी के नाम पर खून-खराबे का एक नया दौर शुरू कर दिया। यही वो समय था जब पाकिस्तान का समाज भी कट्टरपंथियों के रंग में रँगने लगा और हिंदुओं के ऊपर अत्याचार का एक नया दौर शुरू हुआ। आतंकवाद पाकिस्तान की विदेश नीति का एक अभिन्न अंग बन गया। जनरल जिया उल हक ने पाकिस्तान के संविधान की धज्जियाँ उड़ाते हुए शरिया कानून लागू किया था और आज तालिबान सहित जो आतंकी संगठन पाकिस्तान में फल-फूल रहे हैं, ये सब उन्हीं की देन हैं। आज वहाँ के समाज में हिंदुओं के प्रति नफरत का जो भाव दिखाई दे रहा है, उसको बनाने में जिया उल हक की भूमिका अहम रही है।

पाकिस्तान के कट्टरपंथियों ने एक सोची-समझी रणनीति के तहत इसलाम और उर्दू को हथियार बनाकर न सिर्फ धार्मिक अल्पसंख्यकों,

बल्कि भाषायी अल्पसंख्यकों को हर तरह से प्रताड़ित करना शुरू कर दिया। याहया खान, जुल्फिकार अली भुट्टो और जनरल जिया उल हक जैसे रहनुमाओं ने ऐसे तत्त्वों को खुलेआम बढ़ावा दिया। इन लोगों की सोच के कारण जिन्ना के सपनों का पाकिस्तान पूरी तरह से जेहादी पाकिस्तान के रूप में बदल गया। आज का पाकिस्तान एक ऐसा देश बन चुका है, जहाँ अल्पसंख्यकों को कोई अधिकार नहीं है। आज पूरे विश्व में पाकिस्तान की यही पहचान बन चुकी है। पाकिस्तान के इन मनोरोगी प्रवृत्तिवाले रहनुमाओं ने कट्टरवादी और जेहादी ताकतों को इस कदर बढ़ावा दिया कि समय के साथ पाकिस्तान की सत्ता का यह अल्पसंख्यक विरोधी चरित्र, देखते ही देखते पूरे समाज का चरित्र बन गया।

आजकल ऐसा ही एक शख्स हिंदुओं के लिए दहशत और आतंक का पर्याय बना हुआ है। इस शख्स का नाम है दरगाह भरचंडी शरीफ का तथाकथित पीर मियाँ अब्दुल हक उर्फ मियाँ मिट्ठू। पाकिस्तान के मीडिया में मियाँ मिट्ठू के बारे में क्या कहा जाता है, पहले उसका एक उदाहरण देखिए, फिर आगे की बात करेंगे।

17 सितंबर, 2019 को 'द प्रिंट' में एक खबर छपी। इस खबर

को लिखनेवाले पाकिस्तानी पत्रकार का नाम गुल बुखारी है। वह एक मानवाधिकार कार्यकर्ता और स्तंभकार हैं। पाकिस्तान में महिलाओं की स्थिति की हेडिंग के साथ छपी इस खबर का शीर्षक है—'मियाँ मिट्ठू, उग्रवादी मौलवी, जिससे पाकिस्तान के सिंध प्रांत में रहनेवाले हिंदू परिवार आतंकित रहते हैं।' गुल बुखारी ने लिखा है कि मियाँ मिट्ठू सदाबहार हैं। इस खबर में बताया गया है कि पाकिस्तान में हिंदू बालिकाओं का जबरन धर्मांतरण दुर्भाग्य से बार-बार उठनेवाला मुद्दा बन गया है। इसका एक चक्र है, जो ईश निंदा के आरोप से आरंभ होता है, फिर दंगा कराया जाता है, फिर मंदिर तोड़े जाते हैं और फिर सिंध प्रांत की हिंदू लड़कियों का अपहरण शुरू हो जाता है। बाद में पता चलता है कि उन्हें जबरन मुसलमान बना दिया गया। इसके बाद सरकार आश्वासन देने का प्रयास करती है कि ऐसा दोबारा नहीं होगा, लेकिन सारी घटना कुछ दिन बाद फिर से दोहराई जाती है और यह चक्र चलता रहता है।

मिट्ठू मियाँ का नाम उस समय भी काफी चर्चा में आया था, जब 15 सितंबर, 2019 को सिंध प्रांत के घोटकी में एक छात्र के यह कहने पर हिंसा भड़क गई कि एक हिंदू शिक्षक ने मोहम्मद साहब का अपमान किया है। उसके पिता अब्दुल अजीज राजपूत ने इस बारे में पुलिस में एफआईआर दर्ज कराई और उसकी कॉपी को फेसबुक पर डालकर वायरल कर दिया। जिसके बाद हिंसा भड़क उठी, हालाँकि बाद में उसी छात्र ने कहा कि शिक्षक ने उसे डाँट दिया था, जिसका बदला लेने के लिए उसने शिक्षक पर 'ईश निंदा' का झूठा आरोप लगाया था। वह शिक्षक सिंध पब्लिक स्कूल का मालिक था। बहरहाल, इस हिंसा में स्कूल और एक मंदिर पर हमला किया गया और हिंदुओं की कई दुकानों को दंगाइयों ने लूट लिया। दंगाइयों की भीड़ का नेतृत्व मियाँ मिट्ठू और उसका बड़ा भाई मियाँ असलम कर रहे थे। हिंसा का वायरल हुआ वीडियो देखने पर साफ पता चलता है कि इसमें शामिल लोग मियाँ मिट्ठू के करीबी और समर्थक थे।

पाकिस्तान में हिंदुओं पर मुसलमानों द्वारा अत्याचार के अनगिनत

किस्से हैं। एक ताजा किस्सा 25 अप्रैल, 2020 का है, जो मीडिया में चर्चा का विषय बना। पूरी दुनिया जब वैश्विक महामारी कोरोना संकट से जूझ रही थी, सिंध प्रांत के थारि मीरवाहा इलाके से सुधि और शमा नाम की दो नाबालिग लड़कियों का अपहरण कर लिया गया। जिस व्यक्ति पर अपहरण का आरोप लगा, उसका भाई पीर फैसल शाह जिलानी पाकिस्तान की नेशनल असेंबली का सदस्य है। पीड़ित परिवार द्वारा एक वीडियो जारी किया गया, जिसमें एक सदस्य को यह कहते हुए सुना जा सकता है कि हिंदू अल्पसंख्यकों को सिंध में उत्पीड़न का सामना करना पड़ रहा है और उन्हें भय है कि लड़कियों को जबरन इसलाम धर्म में परिवर्तित कर दिया जाएगा। वह कहता है कि यहाँ हिंदुओं को उत्पीड़न का सामना कर पड़ रहा है। हमें न्याय नहीं मिल रहा है और हमारे ऊपर लगातार अत्याचार हो रहा है।

नेशनल असेंबली के सदस्य पीर फैसल शाह जिलानी के भाई से जब इन लोगों ने इस अपहरण के बारे में शिकायत की तो और अपहरण की धमकी दी गई। हम लोगों की तरह यह पीड़ित परिवार भी पाकिस्तान से बाहर निकलना चाहता है। परिवार का यह भी आरोप है कि पुलिस उनके साथ सहयोग नहीं कर रही है। पुलिस वाले उन्हें एक अदालत में ले गए, लेकिन मजिस्ट्रेट के सामने पीड़ितों की कोई बात नहीं बताई गई। इस दौरान मजिस्ट्रेट कार्यालय के बाहर जिलानी के गुर्गे गाड़ियों में घूम रहे थे और पीड़ितों को देखा तो उन्हें जान से मारने की धमकी दी। साफ है, पुलिस भी दोषियों का पक्ष ले रही थी। सिंध प्रांत और पाकिस्तान के अन्य राज्यों से आए दिन इस तरह के मामले सामने आ रहे हैं।

गौर करनेवाली बात यह है कि जिस दिन यह घटना प्रकाश में आई, उसके ठीक एक दिन पहले, यानी 24 अप्रैल से मुसलमानों का पवित्र महीना रमजान शुरू हुआ था। रमजान के महीने में हिंदुओं पर मुसलमानों के हमले बढ़ जाते हैं। उक्त घटना से कुछ दिन पहले ही उमरकोट से एक नाबालिग हिंदू लड़की का अपहरण कर लिया गया। पाकिस्तान मानवाधिकार आयोग के मुताबिक हर महीने इस देश में कम-से-कम 50 हिंदू और ईसाई

लड़कियों का जबरन धर्म परिवर्तन कराया जा रहा है। जिस देश में सरकारी अमला ही कट्टरपंथियों को बढ़ावा दे रहा है, उस देश में मानवाधिकार संगठन की क्या हालत होगी, इसका अंदाजा आसानी से लगाया जा सकता है। 'ग्लोबल ह्यूमन राइट डिफेंस' की रिपोर्ट के मुताबिक, पाकिस्तान के सिंध प्रांत में हर वर्ष एक हजार हिंदू लड़कियों का धर्म परिवर्तन कराया जाता है, लेकिन मेरा आरोप है कि हर महीने सिर्फ 50 नहीं, बल्कि सैकड़ों हिंदू लड़कियों का जबरन धर्म परिवर्तन कराया जा रहा है।

सुधि और शमा के अपहरण व जबरन धर्म परिवर्तन की घटना के ठीक दो दिन बाद की एक घटना मैं आपको बताना चाहता हूँ। इसे सुनकर आपके रोंगटे खड़े हो जाएँगे। एक हिंदू महिला हैंडपंप से पीने का पानी भरने गई थी। उसे मुसलिम कट्टरपंथियों ने इतना पीटा कि वह मरणासन्न हो गई। हिंदुओं के ऊपर यहाँ हर तरह से अत्याचार किया जा रहा है। हमारे घरों में आग लगा दी जाती है। हमारे पूजा-स्थलों को तोड़ा जा रहा है। आए दिन यहाँ के हिंदू समाज के लोग मुसलिम कट्टरपंथियों के हाथों प्रताड़ित हो रहे हैं। 6 अप्रैल, 2020 को घोटकी के बाहरी इलाके में राजा फार्म क्षेत्र में

स्थित झोपड़ियों को कट्टरपंथियों ने आग के हवाले कर दिया, जिसमें केसू गांधी सहित सात हिंदू परिवारों के घर जलकर खाक हो गए। इस आग के कारण तीन मासूम बच्चे जिंदा जलकर मर गए और एक महिला बुरी तरह झुलस गई। ये लोग अपना पेट पालने के लिए स्थानीय खेत मालिकों के खेतों में काम करते थे। आग से इनकी गृहस्थी पूरी तरह तबाह हो गई। आग लगानेवालों ने पुलिस-प्रशासन से मिलीभगत करके पूरे मामले को बदल दिया। बताया गया कि आग अपने आप लगी, लेकिन यह सच नहीं है। इससे ठीक एक दिन पहले भी हिंदू परिवारों के घर में आग लगी थी। यह काम मिट्ठू मियाँ और उसके गुर्गों द्वारा समूचे सिंध प्रांत में कराया जा रहा है। वह सिंध प्रांत को पूरी तरह इसलाम में बदलने के नाम पर अपना धंधा चला रहा है और सरकार उसे पूरी शह दे रही है।

हमारी बालिग, नाबालिग, विधवा और परित्यक्त महिलाओं का ही नहीं, हमारे बच्चों का भी धर्म परिवर्तन कराया जा रहा है। हमारे बच्चे धर्म बदलने से इनकार करते हैं तो उन्हें प्रताड़ित किया जाता है। ताजा मामला 18 मई, 2020 का है। सिंध के नसूरपुर मटियारी इलाके में एक युवक के जबरन धर्म परिवर्तन का मामला काफी चर्चा में रहा। युवक के माता-पिता का आरोप है कि यह काम तबलीगी जमात के लोगों ने किया। इसके खिलाफ हिंदुओं ने प्रदर्शन भी किया। धर्मांध आततायियों ने हिंदू भील जाति के लोगों का घर गिराकर नष्ट कर दिया। इस मामले के दो वीडियो सामने आए हैं। एक वीडियो में भील हिंदू जबरन धर्मांतरण के खिलाफ प्रदर्शन करते दिख रहे हैं, जबकि दूसरे में मटियार के नसूरपुर में हिंदू महिलाएँ और बच्चे हाथ में तख्तियाँ लिये नजर आ रहे हैं। इन तख्तियों पर लिखा है, 'हम मरना पसंद करेंगे, लेकिन कभी भी इसलाम कबूल नहीं करेंगे'। इस वीडियो को पाकिस्तान के एक मानवाधिकार कार्यकर्ता ने पोस्ट किया है। एक महिला को वीडियो में यह कहते हुए सुना जा सकता है कि उनकी संपत्ति हड़प ली गई, घर तोड़ दिए गए, उन्हें पीटा गया। इनका आरोप है कि जमात के लोग कह रहे हैं कि अगर घर वापस चाहिए तो इसलाम कबूल करो।

इस तरह की घटनाओं में जब भी मियाँ मिट्ठू का नाम आता है तो वह हमेशा की तरह बड़ी बेशर्मी के साथ हिंसा में अपनी भूमिका से साफ इनकार कर देता है। स्थानीय हिंदू समाज के लोग उसकी इस सफाई को सिरे से खारिज करते हैं, क्योंकि उनको पता है कि सिंध प्रांत में इस तरह की हिंसा और हिंदू लड़कियों के जबरन धर्म परिवर्तन के पीछे मिट्ठू मियाँ का ही हाथ रहता है। इस काम में उसे स्थानीय पुलिस, प्रशासन और अदालत का पूरा सहयोग मिल रहा है। मिट्ठू मियाँ को उसके परिवार का भी भरपूर सहयोग मिलता है।

आप सोच रहे होंगे कि आखिर यह मियाँ मिट्ठू इतना ताकतवर कैसे बना, जो कई वर्षों से सिंध प्रांत में हिंदुओं की लड़कियों का जबरन धर्म परिवर्तन करा रहा है और उसका कोई कुछ बिगाड़ नहीं पा रहा है। मियाँ मिट्ठू की प्रताड़ना से वहाँ के हिंदू परिवारों को अपनी इज्जत-आबरू बचाने के लिए दूसरी जगहों पर बसने को मजबूर होना पड़ रहा है। लोग कहते हैं कि पाकिस्तान में सरकारें आती-जाती रहती हैं, लेकिन मियाँ मिट्ठू हमेशा रहते हैं।

अगर पाकिस्तान के चुनाव में एक पार्टी उसे टिकट देने से मना करती है तो दूसरी पार्टी उसे बुलाकर टिकट दे देती है, जबकि सभी पार्टियों को पता है कि मियाँ मिट्ठू पर कई बार धार्मिक अल्पसंख्यकों, और विशेष रूप से हिंदुओं के विरुद्ध, दंगा करवाने के आरोप लग चुके हैं। जाहिर है कि उसकी पैठ हर राजनीतिक दल में है। कई अन्य कारणों में से यह भी एक कारण है कि मियाँ मिट्ठू की इन अमानवीय हरकतों के आगे पुलिस, प्रशासन भी पूरी तरह असहाय नजर आता है।

मियाँ मिट्ठू को गिरफ्तार करना या हिरासत में लेना तो दूर, कोई मौखिक रूप से पूछने की हिमाकत भी नहीं कर पाता है, क्योंकि उसे वहाँ के मुसलमानों के साथ-साथ राजनेताओं, अदालत और पुलिस का खुला समर्थन मिला हुआ है। नतीजा यह है कि मियाँ मिट्ठू अपने परिजनों और पालतू गुर्गों के साथ मिल कर इसलाम के नाम पर सिंध के समाज में घृणा

व हिंसा का माहौल जब चाहे तब बना देता है। दरगाह और मदरसों से मिलनेवाले धन से वह अपनी हिंदू विरोधी गतिविधियों को अंजाम देता है।

जहाँ इसलाम के कट्टर समर्थक मियाँ मिट्ठू को घोटकी के हीरो के रूप में देखते हैं, वहीं सिंध के अल्पसंख्यक हिंदू लोग उसे इनसान के शरीर में एक ऐसे नरपिशाच के रूप में देखते हैं, जो उनकी बेटियों का अपहरण करके जबरन मुसलमान बनने को मजबूर करता है। एक ऐसा शैतान, जो कभी भी हिंदुओं के खिलाफ दंगे करवाकर उनके जान-माल को नष्ट करता है। उसके राजनीतिक रसूख के कारण पुलिस, प्रशासन और अदालत सभी अपनी आँखें बंद किए हुए हैं। बता दें कि साल 2008 में पाकिस्तान पीपुल्स पार्टी ने मियाँ मिट्ठू को टिकट देकर अपना उम्मीदवार बनाया था और वह चुनाव जीत भी गया, लेकिन महज चार वर्ष बाद हिंदू लड़की रिंकल कुमारी का मामला सामने आने के बाद पार्टी ने तकनीकी रूप से उससे दूरी बना ली थी।

मिट्ठू को समझने के लिए अब रिंकल कुमारी का किस्सा भी सुन लीजिए। वर्ष 2012 में रिंकल के अपहरण और जबरन धर्म परिवर्तन करवाकर उसके मुसलमान बन जाने की खबर आई। रिंकल किशोर वय की थी और उसके पिता नंदलाल एक शिक्षक थे। रिंकल का विवाह नवीद शाह नाम के एक व्यक्ति से करवाया गया था। नवीद शाह के संबंध भरचंडी शरीफ दरगाह से थे। स्थानीय लोगों का खुलेआम यही कहना था कि रिंकल के अपहरण के पीछे मिट्ठू का हाथ था। उनका कहना था कि मिट्ठू मुसलिम युवाओं को हिंदू लड़कियों से शादी करने के लिए भड़काता है और उन्हें ऐसा करने पर संरक्षण देने का वादा करता है। तीखे विरोध और दंगों के बाद रिंकल को जनता के सामने पेश किया गया, लेकिन दबाव और मजबूरी में उसने अदालत के समक्ष स्वयं को मुसलमान बता दिया।

भारत, पाकिस्तान सहित अमेरिका के प्रतिष्ठित समाचार-पत्र 'न्यूयॉर्क टाइम्स' में भी यह खबर छपी। रिंकल द्वारा अदालत में अपने को मुसलमान बताए जाने के बाद मियाँ मिट्ठू उसके साथ विजय की मुद्रा में बाहर आया और अपने हजारों समर्थकों के सामने उसकी परेड करवाई। इस दौरान मियाँ मिट्ठू के समर्थक जोर-जोर से नारे लगा रहे थे। रिंकल के पिता ने न्याय की

गुहार लगाते हुए हर किसी का दरवाजा खटखटाया, उच्चतम न्यायालय तक गए, लेकिन विफल रहे। उनके परिवार को धमकियाँ दी गईं और आखिरकार मजबूर होकर शिक्षक नंदलाल को अपने परिजनों के साथ लाहौर के एक गुरुद्वारे में शरण लेने को मजबूर होना पड़ा।

बताते चलें कि जब मिट्ठू को पाकिस्तान पीपुल्स पार्टी ने अपने दल से बाहर का रास्ता दिखाते हुए टिकट देने से मना कर दिया तो वर्तमान प्रधानमंत्री व पूर्व क्रिकेटर इमरान खान की तहरीक-ए-इंसाफ पार्टी ने साल 2015 में उसके लिए अपना दरवाजा खोल दिया, हालाँकि जनता के भारी विरोध के चलते इमरान खान को उसके साथ किसी भी तरह के राजनीतिक गठजोड़ की संभावना से इनकार करना पड़ा था। इमरान के साथ मियाँ मिट्ठू की तसवीर भी सार्वजनिक हुई। इमरान को इस पर भी सफाई देनी पड़ी। मिट्ठू को इस चुनाव में केवल 69 वोट मिले, जबकि 2008 के नेशनल असेंबली के चुनाव में पाकिस्तान पीपुल्स पार्टी के उम्मीदवार के रूप में उसे 59 हजार वोट मिले थे। हार के बाद मिट्ठू ने सार्वजनिक रूप से आरोप लगाया कि उसे इसलाम की सेवा करने की कीमत चुकानी पड़ रही है और चाहे जो हो जाए, वह इसलाम की खिदमत का अभियान जारी रखेगा।

मियाँ मिट्ठू का एक और किस्सा सुनिए, तब यह मामला ज्यादा चर्चित नहीं हो पाया था। साल 2011 में घोटकी से ही एक 11 वर्ष की हिंदू लड़की मोनिका कुमारी का अपहरण हुआ था। उसे हैदराबाद के हाला नामक स्थान से बरामद किया गया। उस समय यही बात सामने आई थी कि घोटकी के हिंदुओं द्वारा पाकिस्तान पीपल पार्टी के उम्मीदवार अहमद अली महर को समर्थन देने से नाराज मियाँ मिट्ठू ने ही अपने समर्थकों के सहयोग से यह अपहरण करवाया था, जिससे कि उन्हें सबक सिखाया जा सके।

मोनिका का अपहरण भी धर्म परिवर्तन कराकर मुसलमान बनाने के लिए किया गया था। लड़की को बरामद करने के बाद उसे अदालत में पेश किया गया। अदालत के आदेश पर उसे उसके परिजनों के हवाले किया गया, क्योंकि यह साबित हो गया था कि वह नाबालिग है। स्थानीय सामाजिक

कार्यकर्ताओं के मुताबिक मोनिका को एक स्कूल के प्रधानाचार्य नोतन दास नामक एक व्यक्ति द्वारा शरण दी गई थी।

नोतन दास पर मिट्ठू के इशारे पर 'ईश-निंदा' का आरोप लगा दिया गया। सामाजिक संगठनों के कार्यकर्ताओं के हवाले से पाकिस्तान के मीडिया में यह खबर प्रमुखता से छपी थी कि दास पर आरोप लगाकर मियाँ मिट्ठू मोनिका के अपहरण की घटना को दबाना चाहता था। उनका कहना था कि जिस दिन इलाके में दंगा भड़काया गया, उसके ठीक एक दिन पहले ही मोनिका का अपहरण किया गया था, जिससे कि स्थानीय हिंदू समाज के लोग किसी तरह का विरोध न कर पाएँ।

यह एक बहुत बड़ा सवाल है कि आखिर पाकिस्तान के हिंदुओं के लिए खौफ का पर्याय बन चुका मियाँ मिट्ठू, जिस पर मासूम हिंदू बालिकाओं के अपहरण व उनकी जबरन शादी करवाकर मुसलमान बनाने, हिंदू विरोधी दंगा कराने, मंदिर तुड़वाने के अनगिनत आरोप हैं और जिसकी ऐसी कई करतूतों के कई वीडियो में स्पष्ट प्रमाण हैं, वह क्यों इतना ताकतवर बन गया है कि सरकार भी उसके आगे नतमस्तक नजर आ रही है? आखिर वह क्या चीज है, जो उसे इतना ताकतवर और निडर बनाती है?

सैकड़ों हिंदू बहन-बेटियों को अपहृत करके जबरन मुसलमान बना चुका मियाँ मिट्ठू अभी भी भरचंडी दरगाह का पीर बना हुआ है। जाहिर है, वह जेहाद के तहत पूरे पाकिस्तान को हिंदू व अन्य अल्पसंख्यकों से मुक्त करके सबको मुसलमान बनाने के मिशन पर काम कर रहा है। इलाके के हिंदुओं का सीधा आरोप है कि मिट्ठू ही उनकी नाबालिग लड़कियों का अपहरण करवाता है, फिर उनका धर्म परिवर्तन कराके जबरन निकाह निकाह करवाता है और जो मुसलिम युवक इस काम में शामिल होते हैं, उन्हें वह पूरी तरह संरक्षण देता है।

चूँकि उसे राजनीतिक दलों का संरक्षण प्राप्त है, इसलिए वह पुलिस प्रशासन और अदालत को भी अपने रसूख का इस्तेमाल करके अपने पक्ष में कर लेता है। हिंदुओं की कहीं कोई सुनवाई नहीं होती है। यही कारण था कि

घोटकी के दंगों के वीडियो में हमलावरों का नेतृत्व करते हुए साफ देखे जाने और स्थानीय हिंदुओं की पुरजोर माँग के बावजूद कोई उसे गिरफ्तार करने की हिम्मत ही नहीं कर पाया। इन घटनाओं से यह बिल्कुल स्पष्ट है कि मिट्ठू को पाकिस्तान के ताकतवर लोगों का वरदहस्त हासिल है और उनकी शह पर ही वह हिंदू धर्मावलंबियों के लिए दहशत का पर्याय बना हुआ है। पाकिस्तान सरकार का समूचा तंत्र उसे इस काम में भरपूर सहयोग दे रहा है। अब यह बात बिल्कुल स्पष्ट हो गई है।

मियाँ मिट्ठू का नाम न सिर्फ सिंध प्रांत के, बल्कि पाकिस्तान के सभी हिंदुओं व अन्य अल्पसंख्यकों के लिए गहरी चिंता का विषय बन गया है। इन अल्पसंख्यकों के सामने अपने धर्म और अपनी इज्जत बचाने का दोहरा संकट पैदा हो गया है। इन्हें अब इस बात की चिंता सता रही है कि अगर प्रभावशाली नेताओं, सेना और कट्टर मुसलिम धर्मांध नीति-निर्धारकों का ऐसा ही समर्थन मिलना जारी रहा तो वह दिन दूर नहीं, जब समूचे पाकिस्तान में सैकड़ों, हजारों मियाँ मिट्ठू जैसे लोग पैदा हो जाएँगे। उनकी इस आशंका को तब और अधिक बल मिलता है, जब मियाँ मिट्ठू पर लगे इन आरोपों की सही तरीके से कोई जाँच नहीं होती है।

□

पाकिस्तान में गैर-मुसलिम महिलाओं का इसलामीकरण

पाकिस्तान का अर्थ होता है, पवित्र स्थान, लेकिन भारत से अलग होने के बाद से लेकर अब तक पिछले 73 वर्षों से इस देश के सत्ताधीशों और कठमुल्लों ने इसलाम के नाम पर जो माहौल बना रखा है, वह सभ्य समाज की कसौटी पर जंगल राज से भी बदतर श्रेणी में आता है। इसलाम के प्रवर्तक पैगंबर मोहम्मद साहब ने विश्व सभ्यता के सबसे प्राचीन ग्रंथ वेद द्वारा बताए गए 'एको ब्रह्म द्वितीयोनास्ति' को आधार बनाकर 1410 वर्ष पूर्व अरब देशों की सामाजिक स्थिति को सुधारने के लिए लोगों को शिक्षित करने का प्रयास किया, जिससे कि समाज के लोग भटके हुए रास्ते से वापस सही रास्ते पर लौट सकें। मोहम्मद साहब की शिक्षाओं की इसलाम के माननेवालों ने अपने-अपने हिसाब से व्याख्या की और आज ये लोग स्वयं स्वीकार करते हैं कि पूरे विश्व में इसलाम के 74 फिरके बन चुके हैं।

कुरान के आदेश को आधार बनाकर पाकिस्तानी मुसलिम समाज और वहाँ के रहनुमाओं ने महिलाओं के प्रति जिस दृष्टिकोण का विकास किया है, उसका सीधा असर हिंदू व अन्य गैर-इसलामी धर्मों को माननेवाली महिलाओं पर पड़ रहा है। कुरान के 'सूरा अल बकरा' और 'सूरा अल निशा' की कई आयतों में बताया गया है कि इसलाम के अनुयायी पुरुषों

को महिलाओं के साथ कैसा व्यवहार करना चाहिए और उनके प्रति क्या नजरिया होना चाहिए! इसमें एक जगह यह भी बताया गया है कि 'औरत तुम्हारी खेती है, उसका जैसे चाहो इस्तेमाल करो'। इसको पाकिस्तान ने जेहाद के एक बड़े कारगर हथियार के रूप में इस्तेमाल किया है। जेहाद के नाम पर गैर-मुसलिमों को डराना, धमकाना, उन्हें प्रताड़ित करना और उनकी बहन-बेटियों को बहला-फुसलाकर, प्रेम के जाल में फँसाकर उनको इसलाम स्वीकार करने के लिए मजबूर करना। यह कृत्य पाकिस्तानी कठमुल्लाओं द्वारा फैलाए गए इसलाम की नजर में पवित्र माना गया है, क्योंकि इससे जहाँ औरतों को बच्चा पैदा करने की फैक्टरी की तरह इस्तेमाल किया जा रहा है, वहीं हिंदू पुरुषों को महिलाओं से वंचित करके उनकी आबादी को नियंत्रित ही नहीं, बल्कि उन्हें पूरी तरह समाप्त करने का काम किया जा रहा है। इसका दुष्परिणाम यह हुआ है कि आजादी के बाद से लेकर अब तक पाकिस्तान में हिंदुओं की आबादी में लगातार गिरावट दर्ज की जा रही है, जो कि समस्त हिंदू समाज के लिए गहरी चिंता का विषय होना चाहिए।

हिंदू घृणा की बुनियाद पर बने पाकिस्तान के कठमुल्लाओं और वहाँ की सरकार ने हिंदू महिलाओं को हर तरह का हथकंडा अपनाकर इसलाम धर्म स्वीकार करने का एक ऐसा सिलसिला शुरू कर रखा है, जो 1947 से लगातार जारी है और यह कब रुकेगा, इसका पता किसी को नहीं है। पाकिस्तान के कठमुल्लाओं, वहाँ की सरकार के नुमाइंदों, सेना, पुलिस, जेहादियों और आतंकियों द्वारा डराना, धमकाना, प्रलोभन देना, फुसलाना-बहकाना, बलात्कार करना, उनकी संपत्ति हड़पना, उनके मंदिरों को तोड़ना, ये सभी इनके हथियार हैं, जिनकी सहायता से एक सोची-समझी साजिश के तहत हिंदुओं को इसलाम धर्म स्वीकार करने के लिए मजबूर किया जा रहा है।

पाकिस्तान का समाज किस तरह के मानसिक विकारों से ग्रसित हो चुका है, इसे समझने के लिए जनवरी 2011 में कराए गए एक सर्वेक्षण के

परिणामों पर नजर डालने की जरूरत है। सर्वेक्षण का निष्कर्ष यह है कि अधिकतर पाकिस्तानी चाहते हैं कि सरकार को समाज के इसलामीकरण के लिए कदम उठाने चाहिए। न सिर्फ हिंदू समाज और भारत सरकार, बल्कि समस्त विश्व समुदाय के लिए यह बात चिंता का विषय है कि सर्वे में लगभग एक-तिहाई लोगों का मानना था कि इसलामीकरण की प्रक्रिया एक ही बार में पूरी कर देनी चाहिए। सोचिए, पाकिस्तान के मुसलिम समाज की इस घटिया मानसिकता का दायरा अगर भविष्य में बढ़ा तो यह धरती पर रहनेवाले सभी गैर-मुसलिमों के अस्तित्व के लिए बहुत बड़ा खतरा होगा।

सर्वेक्षण में जब लोगों से पूछा गया कि क्या सरकार को समाज के इसलामीकरण के लिए कदम उठाने चाहिए। तो 67 प्रतिशत लोगों ने इसका जवाब 'हाँ' में दिया। केवल 13 प्रतिशत लोगों ने कहा कि वे इसलामीकरण की जरूरत महसूस नहीं करते। 20 प्रतिशत लोगों ने इस बारे में कोई उत्तर नहीं दिया। 48 प्रतिशत लोगों ने कहा कि इसलामीकरण की प्रक्रिया एक-एक कर पूरी करनी चाहिए, वहीं 31 प्रतिशत लोगों का मानना था कि इस बारे में तुरंत कदम उठाने चाहिए। 21 प्रतिशत लोगों ने इसलामीकरण

की प्रक्रिया पर पूछे गए सवालों का उत्तर नहीं दिया। यह सर्वेक्षण गैलप इंटरनेशनल की पाकिस्तान शाखा ने कराया था, जिसमें 2,738 महिलाओं और पुरुषों ने हिस्सा लिया था।

जाहिर है, पाकिस्तान में इस समय ऐसा समाज प्रभावी है, जो हिंदुओं और अन्य गैर-मुसलिमों को प्रताड़ित करता है और उनकी बहन-बेटियों को किसी-न-किसी तरह से मुसलमान बनाने का काम करता है। वहाँ का मुसलिम समाज ऐसे कट्टरपंथियों को अपना खुला समर्थन देता है। समाज से मिल रहे समर्थन के कारण ही कट्टरपंथी अपने गिने-चुने उदारवादी मुसलमानों को भी अपना निशाना बनाते हैं और उनकी हत्या तक कर देते हैं। पूरी दुनिया ने देखा है कि किस तरह कट्टरपंथियों ने 2011 में ईश-निंदा कानून का विरोध करने के लिए पंजाब प्रांत के गवर्नर सलमान तासीर की उन्हीं के सुरक्षा गार्ड ने हत्या कर दी थी। तासीर के हत्यारे को कई कट्टरपंथी गुटों ने नायक के तौर पर पेश किया और सैकड़ों वकील उसकी तरफ से केस लड़ने के लिए लालायित दिखे। ईश-निंदा कानून के विरोध के चलते ही पाकिस्तान में अल्पसंख्यक मामलों के संघीय मंत्री शाहबाज भट्टी की हत्या की गई। पूर्व मंत्री शिरीं रहमान ने धमकियों के कारण सार्वजनिक सभाओं में जाना छोड़ दिया। वह भी ईश-निंदा कानून में बदलाव के हक में हैं। इससे पहले पाकिस्तान के एक और गैलप सर्वेक्षण में आधे लोग अल कायदा प्रमुख ओसामा बिन लादेन की मौत पर दुःखी पाए गए। 2 मई, 2011 को पाकिस्तानी शहर ऐबटाबाद में अमेरिकी अभियान में ओसामा बिन लादेन को मारा गया था। इन घटनाओं से आप सहज रूप से अंदाजा लगा सकते हैं कि जिन्ना ने अपनी दूषित विचारधारा से भारतवर्ष की सनातन परंपरा का पालन कर रहे इस भू-भाग में आज अपने मानस-पुत्रों की एक ऐसी फौज खड़ी कर दी है, जो न सिर्फ हिंदू समाज के लिए, बल्कि समस्त मानवता के लिए एक बहुत बड़ा खतरा बन चुकी है।

आज हमारे सामने सबसे जटिल प्रश्न यही है कि कट्टरपंथ की इस जहरीली हवा को पाकिस्तान का हिंदू समाज कब तक झेलेगा? यहाँ के

हिंदुओं की आवाज को उठानेवाला कोई रहनुमा नहीं दिख रहा है। सिंध प्रांत में मिट्ठू मियाँ जैसे कई कठमुल्ले हिंदू महिलाओं का धर्म परिवर्तन कराने का धंधा चला रहे हैं। कराची के ल्यारी इलाके में लगभग सभी हिंदू परिवार वर्षों से इस तरह का धार्मिक अत्याचार झेलने को मजबूर हैं। हकीकत यही है कि पाकिस्तान के समाज ने हिंदुओं के जीवन को नरक बना दिया है। उनके अस्तित्व पर संकट के बादल मँडरा रहे हैं।

इस प्रताड़ना की वजह से हिंदुओं के पलायन की गति भी बढ़ गई है। कुछ गिने-चुने लोग हिंदुओं के पक्ष में आवाज उठाते हैं। ये लोग सवाल करते हैं कि केवल हिंदू समाज की लड़कियाँ ही क्यों इसलाम अपनाती हैं? वास्तविकता यह है कि हिंदू महिलाओं का इसलामीकरण धर्म की आड़ में एक ऐसा पेशा बन चुका है, जिसमें कई 'मियाँ मिट्ठू' लगे हुए हैं। ये लोग हिंदू महिलाओं का जबरन धर्म बदलकर हिंदुओं का नामोनिशान मिटाने में दिन-रात एक किए हुए हैं। पाकिस्तान के समाज में हिंदुओं को कट्टरपंथियों की इन हरकतों ने अंदर तक हिलाकर रख दिया है। हिंदुओं की छोटी उम्र की लड़कियों का जबरन धर्म परिवर्तन एक सोची-समझी साजिश के तहत किया जा रहा है, जिससे कि बचे-खुचे हिंदुओं को पाकिस्तान से बाहर खदेड़ा जा सके।

विभिन्न सर्वेक्षणों एवं शोधों के आधार पर यह अनुमान है कि पाकिस्तान में हर महीने औसतन 25 हिंदू लड़कियों का अपहरण होता है और जबरदस्ती उनका धर्म परिवर्तन किया जाता है। जरा सोचिए, जब भारत का धर्म के आधार पर बँटवारा हुआ था तो उस समय पाकिस्तान में हिंदुओं की आबादी लगभग 15 प्रतिशत थी, अब यह घटकर मात्र 2 प्रतिशत रह गई है। कइयों ने प्रताड़ना से बचने के लिए पाकिस्तान ही छोड़ दिया। जितने हिंदुओं ने पाकिस्तान छोड़ा, उससे अधिक मार डाले गए और कुछ लोगों ने जिंदा रहने के लिए मजबूरी में इसलाम धर्म स्वीकार कर लिया।

दरअसल, आजादी से पहले भारत की तरह पाकिस्तान भी एक बहुलतावादी समाज था। इसकी छाप आज भी पाकिस्तान के चप्पे-चप्पे पर

देखी जा सकती है, लेकिन इसलामिक गणराज्य की अप्राकृतिक अवधारणा को मूर्तरूप देने के इरादे से पाकिस्तान की सरकार ने अपने देश के कट्टरपंथियों के आगे झुकते हुए इस बहुलतावादी समाज को लगातार तहस-नहस करने का काम किया है। सांस्कृतिक एवं क्षेत्रीय समुदाय के आधार पर देखा जाए तो पाकिस्तान में पाँच बड़े समूह बलोच, मुहाजिर, पश्तून, सिंधी और कुछ अन्य छोटे समूह पाए जाते हैं। इसके अलावा धार्मिक आधार पर पाकिस्तान में हिंदू, कलश, सिख, पारसी, ईसाई, अहमदिया और शिया मुसलमानों के समूह हैं, जिनमें इसमाइली और बोहरा समाज के लोग शामिल हैं।

पाकिस्तान के आधुनिक इतिहास पर नजर डालें तो यहाँ पर लंबे समय तक सेना का शासन रहा है। सेना ने यहाँ की सरकार और शासन व्यवस्था को काफी गहराई से प्रभावित किया है। अंतरराष्ट्रीय समुदाय के दबाव के कारण पाकिस्तान में कहने के लिए लोकतांत्रिक व्यवस्था कायम तो हो गई है, लेकिन अभी भी यहाँ पर सेना की ही चलती है। सबको पता है कि पाकिस्तान की सेना में शामिल होनेवाले हर जवान के दिलो-दिमाग में यह बात कूट-कूटकर भरी जाती है कि भारत पाकिस्तान का दुश्मन नंबर एक है और कश्मीर को भारत के कब्जे से मुक्त कराना हर सैनिक का परम धार्मिक कर्तव्य है। एक सोची-समझी नीति के तहत पाकिस्तान की सरकार और वहाँ की सेना ने अपने देश के अल्पसंख्यकों को पूरी तरह समाप्त करके इसलामिक गणराज्य के सपने को साकार करने की नीति अख्तियार कर रखी है। पाकिस्तान के मुसलिम नागरिकों को यह बात बताई जाती है कि 'लड़कर लिया है पाकिस्तान, हँसकर लेंगे हिंदुस्तान।' पाकिस्तान के प्रत्येक मुसलमान को परम धार्मिक कर्तव्य के रूप में जेहाद की बात बताई जाती है। इस जेहाद का चरम उद्देश्य यही है कि दारूल हरब, यानी गैर-मुसलिम इलाकों को दारूल इसलाम में बदलने के लिए हर तरह के हथकंडे का इस्तेमाल करना प्रत्येक मुसलमान का लक्ष्य होना चाहिए।

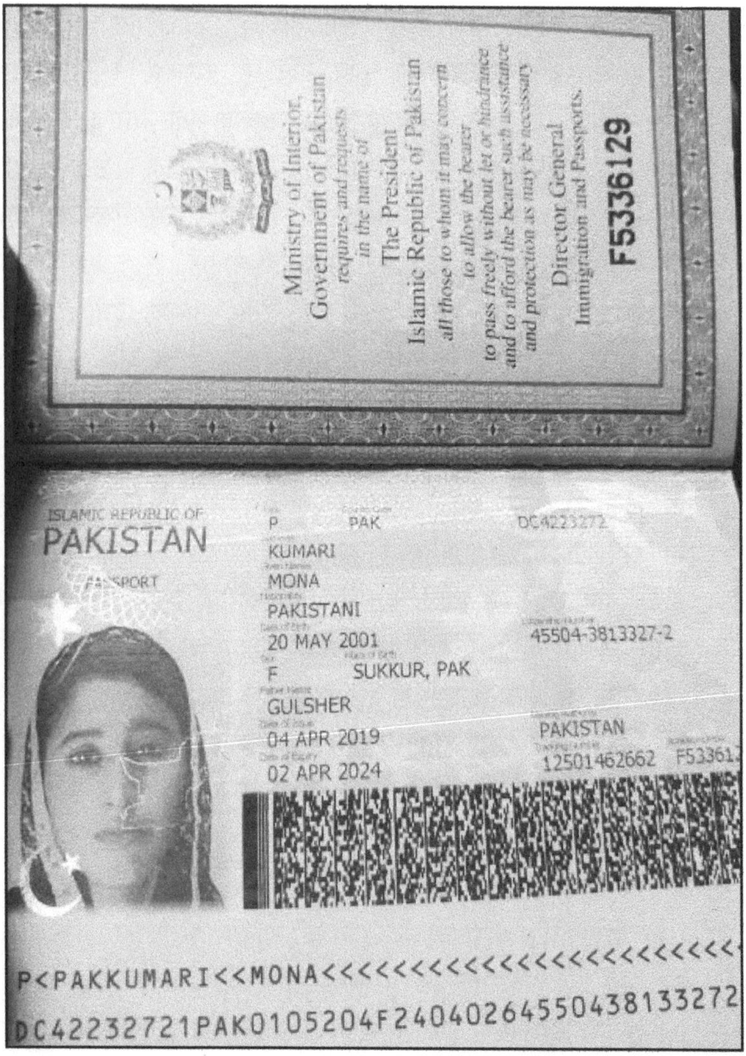

पाकिस्तान में महिलाओं, विशेषकर अल्पसंख्यक महिलाओं की स्थिति इस समय पूरे विश्व में चर्चा का विषय बनी हुई है। पाकिस्तान में इसलामिक कानून लागू होने के बाद महिलाओं की स्थिति बद से बदतर हुई है। विशेष रूप से धर्मांध कठमुल्लाओं की हिंदू महिलाओं पर बुरी नजर रहती है। वहाँ

की सरकार विश्व समुदाय के समक्ष खुद को एक प्रगतिशील राष्ट्र के रूप में प्रस्तुत करने का प्रयास पिछले कई वर्षों से कर रही है, लेकिन जिस गति से उसका यह प्रयास आगे बढ़ता है, उससे कई गुना तेज गति से अल्पसंख्यक हिंदू समाज की महिलाओं पर कट्टरपंथियों का अत्याचार भी बढ़ता जा रहा है। सेना अल्पसंख्यकों के संरक्षण के नाम पर उनको प्रताड़ित करती है और यह बात किसी से छुपी नहीं है।

इतिहास गवाह है कि ईसा से लगभग ढाई हजार वर्ष पूर्व वर्तमान पाकिस्तान सिंधु नदी घाटी सभ्यता की हृदय स्थली बना हुआ था। यहाँ पर चारों दिशाओं की सभ्यताएँ भारत के सनातन धर्म और वैदिक सभ्यता के साथ उसी तरह घुल-मिलकर बसी हुई थीं, जिस तरह से दूध में शक्कर घुलती है। यह आर्य और द्रविड़ सभ्यता की संगम स्थली का इलाका था। बाद में इस इलाके में बौद्ध और पारसी सभ्यता का भी विकास हुआ और यह काम उस समय हुआ था, जब पूरे इलाके में हिंदू राजाओं का शासन था। यह वही इलाका था, जहाँ पर कभी सिख और इसलाम का सूफीवाद भी पुष्पित-पल्लवित हुआ था। इन सभ्यताओं के भौतिक अवशेष पाकिस्तान के चप्पे-चप्पे पर देखे जा सकते हैं, लेकिन दुःख के साथ कहना पड़ता है कि पाकिस्तान के नीति-निर्धारक पूरी ताकत के साथ इस बहुलतावादी समाज को तहस-नहस करने में जुटे हैं और इसका सबसे बुरा खामियाजा हिंदू समाज की महिलाओं को भुगतना पड़ रहा है।

पाकिस्तान में इसलामिक शासन व्यवस्था भी इस तरह की बनाई गई है कि सरकारी शिक्षण संस्थानों एवं सरकारी नौकरियों में अल्पसंख्यक हिंदू, सिख, जैन, बौद्ध और अन्य गैर-इसलामिक समाज के लोगों को उचित प्रतिनिधित्व एवं शिक्षा मिलने न पाए। इसकी वजह से अल्पसंख्यकों के सामने अपनी सभ्यता और संस्कृति को बचाने का बड़ा खतरा पैदा हो गया है। इसलामी व्यवस्था को यहाँ के अल्पसंख्यकों के ऊपर जबरन थोपा गया है। यहाँ के समाज में पश्चिमी राष्ट्रों की नीतियों को भी गैर-इसलामी माना जाता है। अल्पसंख्यक समाज के लोगों पर बहुसंख्यकों द्वारा हमला करना, उनकी

महिलाओं के साथ बलात्कार करना, उनका जबरन धर्म परिवर्तन कराना, सरकारी संस्थाओं में उन्हें प्रतिनिधित्व न देना, इसलामी विचारधारा के गैर-सुन्नी मुसलमानों पर कातिलाना हमले करना, यह सब आज के पाकिस्तान में एक सामान्य घटना है। धार्मिक कट्टरपंथियों द्वारा पाकिस्तान की मसजिदों से अल्पसंख्यकों के खिलाफ फतवे जारी किए जाते हैं और बहुसंख्यकों की भावनाओं को भड़काया जाता है।

अल्पसंख्यक समाज के ऊपर कट्टरपंथियों द्वारा लगातार किए जा रहे इन हमलों के कारण पाकिस्तान का सामाजिक ताना-बाना लगातार छिन्न-भिन्न होता जा रहा है। अगर पाकिस्तान की सरकार यह सोचती है कि सभी लोगों को सुन्नी मुसलमान बनाकर वह अपने देश को मजबूत कर रही है तो यह उसकी बहुत बड़ी भूल है। वास्तविकता यह है कि अपनी ही विडंबनाओं के चक्रव्यूह में पाकिस्तान लगातार फँसता जा रहा है और वह दिन दूर नहीं जब इस राष्ट्र के कई टुकड़े हो जाएँगे।

हम आपको पहले भी बता चुके हैं कि इसलामिक जेहादियों से सबसे अधिक प्रताड़ित सिंध प्रांत के हिंदू ही हैं। मियाँ मिट्ठू जैसे नर-पिशाचों की सिंध में भरमार है और ये लोग समूचे प्रांत को इसलाम में परिवर्तित करने के लिए बालिग, नाबालिग, परित्यक्त व विधवा हिंदू महिलाओं को मुसलमान बनाने की मुहिम में जुटे हुए हैं। पाकिस्तान इस तरह के हालात में भी भारत में मुसलमानों के संरक्षण की बात किस मुँह से कर रहा है, इसे आसानी से समझा जा सकता है। आपको मैं एक और घटना के बारे में बताना चाहूँगा। यह घटना भी ज्यादा पुरानी नहीं है। मई 2020 में सिंध प्रांत के घोटकी में ही एक 13 वर्षीय हिंदू लड़की कविता का अपहरण किया गया था। इस बालिका को कथित तौर पर मियाँ मिट्ठू के पास ले जाया गया था। मियाँ मिट्ठू ने उसे इसलाम धर्म स्वीकार करने के लिए जबरन मजबूर किया। बता दें कि कविता का अपहरण करने के बाद इसलाम धर्म के झंडाबरदार नर-पिशाचों ने उसके साथ बलात्कार किया। इस बारे में राहत अस्टिन नाम के एक व्यक्ति ने एक वीडियो साझा करते हुए ट्वीट किया है। वीडियो में देखा जा सकता है कि

एक मौलवी कविता को इसलाम स्वीकार करने के लिए मजबूर कर रहा है। ट्विटर पर राहत अस्टिन ने लिखा कि यह 13 साल की लड़की कविता है। इस लड़की का अपहरण कर इसका बलात्कार किया गया और उसे जबरन धर्म परिवर्तन को मजबूर किया गया। उन्होंने कहा कि अगर आप सब एक इनसान हैं, यदि आपके यहाँ भी इस उम्र की कोई बहन या बेटी होती तो क्या उसे कोई जबरदस्ती ले जाता?

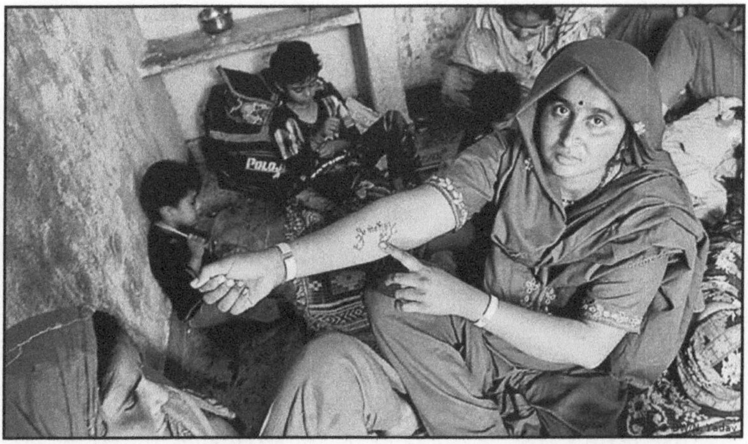

जाहिर है, कोरोना काल में भी पाकिस्तान में हिंदू अल्पसंख्यकों के खिलाफ इस तरह की धार्मिक क्रूरता बेरोक-टोक जारी है। यह सिलसिला कब रुकेगा, किसी भी हिंदू को इसका पता नहीं है। यही वजह है कि पाकिस्तान के हिंदू समाज के लोग अब भारत में बसना चाहते हैं। इन्हीं प्रताड़नाओं की वजह से वहाँ की हिंदू आबादी लगातार घटती जा रही है और लोग भारत में पलायन कर रहे हैं। यह पाकिस्तानी अल्पसंख्यकों के लिए बेहद खुशी की बात है कि भारत की नरेंद्र मोदी सरकार ने हमारी सुध ली है और नागरिकता संशोधन कानून बनाकर हमें भारत की नागरिकता दी है। हम सब भारत में अपने आप को बेहद सुरक्षित महसूस कर रहे हैं और ईश्वर से हमारी यही मंगलकामना है कि भविष्य में कभी भी हमें अपने पुरखों की जमीन से अलग न होना पड़े।

यहाँ पर आकर हमें ऐसा लग रहा है कि हम अपने घर में आ गए हैं। यहाँ हमें पूरी तरह से धार्मिक और आर्थिक आजादी मिली हुई है। हमारे बच्चे स्कूलों में आधुनिक शिक्षा ग्रहण कर रहे हैं और हमारी बेटियाँ बेरोक-टोक बिना किसी भय के कहीं पर भी आने-जाने के लिए स्वतंत्र हैं।

हम चाहते हैं कि भारत सरकार ने पाकिस्तान पर जिस तरह से चौतरफा दबाव बना रखा है, वह तब तक जारी रहना चाहिए, जब तक कि वहाँ की सामाजिक व्यवस्था में अल्पसंख्यकों को उनके पूरे अधिकार न मिल जाएँ। भारत सरकार को एक ठोस कार्यनीति बनाकर पाकिस्तान के इस दोगलेपन को हर अंतरराष्ट्रीय मंच पर बेनकाब करना होगा। जब तक पाकिस्तान बेनकाब नहीं होगा, वहाँ की सरकार और सेना का अल्पसंख्यकों पर अत्याचार जारी रहेगा, इसलिए यह काम बेहद जरूरी है। हमें नरेंद्र मोदी सरकार से काफी उम्मीद है। मोदी सरकार ने जिस तरह से एक के बाद एक कई विवादित मुद्दों का समाधान किया है, हमें पूरा विश्वास है कि एक दिन वह पाकिस्तान को भी सही रास्ते पर आने के लिए मजबूर कर देंगे। अगर पाकिस्तान नहीं सुधरता है तो आखिरी रास्ता यही है कि उसके चार टुकड़े कर दिए जाएँ। ऐसा करके ही वहाँ के अल्पसंख्यकों की सुरक्षा सुनिश्चित की जा सकती है। यह काम भले ही कठिन लग रहा हो, लेकिन भारत में नरेंद्र मोदी जैसी दृढ़ इच्छाशक्तिवाली सरकार के लिए यह असंभव नहीं है।

□

धर्म नहीं,
राजनीतिक आंदोलन है इसलाम

सनातन हिंदू धर्म से जब हम इसलाम की तुलना करते हैं तो स्पष्ट हो जाता है कि दोनों के बीच तुलना हो ही नहीं सकती है। सनातन धर्म का कोई विशिष्ट प्रवर्तक नहीं है। इसलाम एक ऐसा मजहब है, जो अरब की सामाजिक परिस्थिति के कारण एक व्यक्ति द्वारा शुरू किया गया। इसके प्रवर्तक पैगंबर मोहम्मद ने उस समय के कबीलों के प्रभावशाली खलीफाओं को अपने समूह में शामिल करके स्थानीय लोगों को अपने हिसाब से सही रास्ते पर चलने की राह दिखाने का काम किया। इसके लिए उन्होंने जरूरत पड़ने पर बल-प्रयोग भी किया। इस मजहब की शुरुआत 610 ईस्वी में हुई, जबकि सनातन धर्म धरती पर मनुष्य की उत्पत्ति के साथ शुरू हुआ है।

सनातन धर्म के बारे में कहा जाता है, 'जो चिर पुरातन, नित्य नूतन है, वही सत्य सनातन है।' सनातन धर्म एक ऐसी जीवन-पद्धति है, जो समय के साथ अपने आप में बदलाव के लिए हमेशा तैयार रहती है। वहीं दूसरी तरफ इसलाम के स्वरूप पर नजर डालते हैं तो यही दिखाई देता है कि इसमें बदलाव का विरोध है। पैगंबर मोहम्मद जो बताकर चले गए, लोगों को उसे ही मानना है। जिसने भी उसमें बदलाव का प्रयास किया, उसपर ईश-निंदा का आरोप लगाकर मार डाला गया। यह सिलसिला आज भी जारी है।

हिंदू धर्म के अनुयायी जब भी कोई धार्मिक अनुष्ठान करते हैं तो सबसे

अंत में यही उद्घोष किया जाता है कि 'धर्म की जय हो, अधर्म का नाश हो, प्राणियों में सद्भावना हो, विश्व का कल्याण हो।' इस कसौटी पर भी इसलाम कहीं से धर्म नहीं है। यह शुद्ध रूप से एक राजनीतिक आंदोलन है, जिसे अरब से शुरू किया गया है और पूरे विश्व में फैलाया जा रहा है। इसलाम के अनुयायी एक सोची-समझी रणनीति के तहत इसे 'शांति का धर्म' बताते हैं, लेकिन इतिहास गवाह है कि ये लोग सत्ता पर कब्जा करने के लिए किसी भी हद तक जा सकते हैं।

मैं आपसे कहना चाहता हूँ कि दुनिया का हर मुसलमान अपने आपको मोहम्मद साहब का अनुयायी बताता है और वह अपने नाम के आगे मोहम्मद लिखता भी है। इसका यही मतलब है कि वह मोहम्मद जैसा बनना चाहता है। मेरा आप सभी लोगों से हाथ जोड़कर निवेदन है कि इसलाम के अनुययियों के विचारों को समझने के लिए एक बार मोहम्मद के जीवन-चरित्र को अवश्य पढ़ें। आप सबसे विनम्र निवेदन है कि जिस तरह आप लोग रामायण, रामचरितमानस, गीता और वेद को पढ़ते हो, उसी तरह एक बार कुरान को भी पढ़िए और मोहम्मद के चरित्र को समझने का प्रयास कीजिए। आज जिस तरह के हालात बन रहे हैं, यह हम सबके लिए बेहद आवश्यक हो गया है।

आपकी जानकारी के लिए मैं बता दूँ कि अरब के बाहर अगर दुनिया के किसी देश में सबसे अधिक अरबी भाषा बोली और समझी जाती है, वह भारत है। इतना ही नहीं, भारत दुनिया का एकमात्र ऐसा गैर-मुसलिम राष्ट्र है, जहाँ सबसे अधिक मसजिदें हैं। भारत में इस समय दो लाख से ज्यादा मसजिदें हैं और तीन लाख से ज्यादा मदरसे चल रहे हैं। ऐसे में यह सवाल उठना लाजमी है कि आखिर इनमें किन लोगों को, किस काम के लिए तैयार किया जा रहा है?

दुनिया के एकमात्र सनातन हिंदू बहुमतवाले देश में तथाकथित धर्मनिरपेक्षता की आड़ में यह कौन सा खेल चल रहा है? करोड़ों लोगों को एक दिन में पाँच बार आखिर क्यों 'ला इलाहा इल्लल्लाह, मोहम्मद उर्रसूलल्लाह' बुलवाया जा रहा है? यह बात हम हिंदुओं को समझनी

होगी। जरा इसका मतलब भी समझ लीजिए। अल्लाह और उसके एकमात्र संदेशवाहक (रसूल/पैगंबर) के अलावा कोई दूसरा नहीं है। अल्लाह यानी ईश्वर या गॉड एक है, यह बात तो हर धर्म के लोग स्वीकार करते ही हैं; लेकिन मुसलमानों का कहना है कि 'ईश्वर के दूत सिर्फ और सिर्फ मोहम्मद साहब हैं और एकमात्र अल्लाह सारी कायनात का मालिक है।'

मुसलमान कहते हैं कि अल्लाह और मोहम्मद के अलावा हम किसी को भी नहीं पूजेंगे और न ही किसी को मानेंगे। जरा विचार कीजिए, जिस इनसान को 24 घंटे में 5 बार यही बात बताई जा रही हो, उसकी मानसिकता कैसी बनेगी? इसमें संदेह की कोई गुंजाइश नहीं है कि वह एक दिन सीधे आपके सामने तलवार लेकर खड़ा होगा। इसी नारे को मसजिदों में 5 बार अजान देकर लोगों को बुलाया जाता है कि 'आओ! आओ! अपनी नींद को छोड़कर आओ, बैठो यहाँ पर।' जब लोग मसजिद में पहुँच जाते हैं तो उसके बाद एक मौलवी खड़ा होकर बोलता है। उसके इशारे पर हजारों लोग झुकते हैं, खड़े होते हैं, फिर मौलवी कुरान की आयतों का पाठ करता है। हम-आप तो यही सोचते हैं कि जैसे हम मंदिर में जाकर घंटा बजाकर चले आते हैं, वैसे ही मुसलमान अपनी मसजिदों में नमाज पढ़कर

विश्वकल्याण की मंगलकामना करते हैं, लेकिन ऐसा नहीं है। हमारी यह सोच 100 प्रतिशत गलत है। मुसलमान इसीलिए नमाज पढ़ता है कि उसे हमारा विनाश करना है।

थोड़ा सा अपने दिमाग का इस्तेमाल कीजिए और सोचिए कि अगर कोई व्यक्ति हमारा विनाश करने के लिए एक दिन में पाँच बार तैयारी करता हो और हमारी नींद तब भी न खुले तो याद रखना, हम अपने हाथों से ही अपने पैरों में कुल्हाड़ी मारने का उपक्रम रच रहे हैं! इन लोगों को हमारी माताओं-बहनों या गाय या हमारे गोत्र से कोई समस्या नहीं है। इन्हें हमारे अस्तित्व से समस्या है। यह बात गाँठ मारकर रख लीजिए कि जब तक इस देश में एक भी हिंदू बचा हुआ है, मुसलमानों को समस्या है, क्योंकि उनके पैगंबर मोहम्मद ने उन्हें आदेश दे रखा है कि इनके विरुद्ध आखिरी दम तक जेहाद करो।

इन लोगों को आदेश दिया गया है कि इस जेहाद के तहत हिंदुओं की बहनों-माताओं के साथ लगातार दुराचार और अत्याचार करो, इसलिए मेरा कहना है कि हर हिंदू को मुसलमानों के तथाकथित पवित्र धर्मग्रंथ कुरान को कम-से-कम एक बार अवश्य पढ़ना चाहिए। कुरान का दूसरा अध्याय 'सूरा अल बकरा' है। इसकी आयतों में मोहम्मद के हवाले से ईश्वर का आदेश बताया गया है। कहा गया है कि जिन लोगों ने इसलाम को स्वीकार करने से इनकार किया है, उनकी आँखों पर परदा पड़ा है और उनके लिए बड़ी यातना है। उनके दिलों में रोग था, जिसे अल्लाह ने और बढ़ा दिया है। वे लोग धोखेबाज हैं और हम लोग समाज सुधारक हैं। वे भटकते फिर रहे हैं और शैतानों के साथ हैं। मोहम्मद व्यापारी थे, इसलिए वह इसी सूरा की पंद्रहवीं आयत में गैर-मुसलिमों के बारे में कहते हैं, 'यही वे लोग हैं, जिन्होंने मार्गदर्शन के बदले में गुमराही मोल ले ली, लेकिन उनके इस व्यापार में न कोई लाभ पहुँचाया और न ही वे सीधा मार्ग पा सके। वे बहरे हैं, गूँगे हैं, अंधे हैं और अब वे लौटनेवाले नहीं हैं। ऐ लोगो! बंदगी करो अपने रब की, जिसने तुम्हें और तुमसे पहले के लोगों को पैदा किया, ताकि तुम बच सको। जिन लोगों

ने इनकार किया और हमारी आयतों को झुठलाया, वही आग में पड़नेवाले हैं, वे उसमें सदैव रहेंगे।' इसकी आयत संख्या 54 में लिखा है, 'और याद करो, जब मूसा ने अपनी कौम से कहा—ऐ मेरी कौम के लोगो! बछड़े को देवता बनाकर तुमने अपने ऊपर जुल्म किया है तो तुम अपने पैदा करनेवाले की ओर पलटो, अत: अपने लोगों को स्वयं कत्ल करो। यही तुम्हारे पैदा करनेवाले की दृष्टि में तुम्हारे लिए अच्छा है, फिर उसने तुम्हारी तौबा कबूल कर ली। निस्संदेह, वह बड़ा तौबा कबूल करनेवाला, अत्यंत दयावान है। आयत संख्या 97 और 98 में लिखा है, 'जो कोई अल्लाह और उसके फरिश्तों और जिब्रील और मीकाईल का शत्रु है तो वह अल्लाह का शत्रु है और ऐसे इनकार करनेवालों का अल्लाह शत्रु है।' इसी सूरा की आयत 190 और 191 में निर्देश दिया गया है कि अल्लाह के मार्ग में उन लोगों से लड़ो, जो तुमसे लड़ें और जहाँ कहीं भी उनपर काबू पाओ, कत्ल करो, अगर वे काबा के निकट तुमसे युद्ध करें तो उन्हें कत्ल करो, ऐसे इनकारियों का ऐसा ही बदला है।' आयत संख्या 216 और 217 में कहा गया है कि 'तुम पर युद्ध अनिवार्य किया गया है और वे तुमसे आदरणीय महीने में युद्ध के विषय में पूछते हैं तो कहो कि उसमें लड़ना गंभीर बात है।' इस सूरा में ईसाइयों, यहूदियों और मुशरिकों, यानी बहुदेववादियों के विरुद्ध काफी गंभीर बातें कही गई हैं। आयत 221 में आदेश है कि 'जब तक बहुदेववादियों के पुरुष व स्त्रियाँ ईमान न लाएँ, अर्थात् मुसलमान न बन जाएँ, उनसे शादी-विवाह न करो।'

अब आप लोग सूरा अल तौबा की कुछ आयतों को समझ लीजिए। इसकी पहली आयत में लिखा है, 'बहुदेववादियों से, जिनसे तुमने संधि की थी, विरक्ति की उद्घोषणा है, अल्लाह और उसके रसूल की ओर से। आयत 5 में निर्देश है, 'फिर, जब हराम (प्रतिष्ठित) महीने बीत जाएँ तो बहुदेववादियों को जहाँ कहीं पाओ, कत्ल करो। उन्हें पकड़ो और उन्हें घेरो और हर घात की जगह उनकी ताक में बैठो, फिर यदि वे तौबा कर लें, नमाज कायम करें और जकात दें तो उनका मार्ग छोड़ दो।' आयत 12 में आदेश है, 'और यदि वे अपने अभिवचन के बाद अपनी कसमों को तोड़

डालें और तुम्हारे दीन पर चोट करने लगें तो फिर कुफ्र (अधर्म) के सरदारों से युद्ध करो। आयत 14 में आदेश है, 'उनसे लड़ो! अल्लाह तुम्हारे हाथों से उन्हें यातना देगा, उन्हें अपमानित करेगा और उनके मुकाबले में वह तुम्हारी सहायता करेगा।' आयत 28 पर नजर डालिए। इसमें कहा गया है, 'ऐ ईमान लानेवालो! बहुदेववादी तो बस, अपवित्र ही हैं। अत: इस वर्ष के पश्चात् वे मसजिदें हराम (मक्का मसजिद) के पास न आएँ।' आयत 29 में कहा गया है, 'वे पुस्तकवाले, जो न अल्लाह पर ईमान रखते हैं और न अंतिम दिन पर, न अल्लाह और उसके रसूल के हराम ठहराए हुए को हराम ठहराते हैं और न सत्यधर्म का अनुपालन करते हैं, उनसे लड़ो, यहाँ तक कि वे सत्ता से विलग होकर और अधीनस्थ बनकर जजिया देने लगें।

ये सभी आयतें इस बात की पुष्टि करती हैं कि मोहम्मद ने गैर-मुसलिमों को खुलेआम शैतान के पदचिह्नों पर चलनेवाला मुसलमानों का शत्रु घोषित कर रखा है। शत्रुओं के साथ जेहाद करना इन लोगों का परम कर्तव्य है। सिंध में हमारी कई पीढ़ियाँ इस जेहाद की भुक्तभोगी रही हैं और जो लोग वहाँ रहे हैं, वे इसे अभी भी भुगत रहे हैं। इस जेहाद से बचने और अपने पूर्वजों के सनातन हिंदू धर्म की रक्षा के लिए ही हम लोग सिंध से उजड़कर भारत में शरणार्थी के रूप में आए हैं।

आपको यह समझना होगा कि रोजा किसलिए रखा जाता है? मैं बताना चाहता हूँ कि रोजा की तुलना जो लोग हमारे नवरात्रि के व्रत से करते हैं, वे बिल्कुल गलत हैं। रोजा की नवरात्रि से कोई तुलना हो ही नहीं सकती है। हम नवरात्रियों में अपनी आराध्य माँ दुर्गा की पूजा करते हैं। उनको अपने जीवन में उतारने का प्रयास करते हैं, जबकि मोहम्मद ने जितनी लड़ाइयाँ लड़ी थीं, वे सब रोजे के समय में ही लड़ी थीं। रोजा इसलिए रखा जाता है कि आप जंग लड़ोगे तो भूखा रहना पड़ सकता है। सभी मुसलमान महिला-पुरुष उस भूख-प्यास को सहन करने का अभ्यास रमजान के महीने में करते हैं। इस दौरान ये लोग अपने आपको शारीरिक और मानसिक रूप से मजबूत करते हैं। इनकी इफ्तार पार्टियों में जानेवाले हिंदुओं, अब जाग जाओ। हम सबको इस राजनीतिक आंदोलन

को जड़ से उखाड़ फेंकने के लिए प्रधानमंत्री नरेंद्र मोदी के नेतृत्व में बनी हिंदू एकजुटता को लगातार मजबूत बनाने का संकल्प लेना होगा।

हम हिंदू समाज के लोग दरगाहों, मजारों और शिया, सुन्नी, बरेलवी या वहाबी-सलाफी को अलग-अलग करके देखते हैं। यह हमारी बहुत बड़ी भूल है। ये सब एक ही अल्लाह व मोहम्मद को माननेवाले लोग हैं। ये प्रेम और घृणा, सच और झूठ, छल और फरेब, प्रलोभन, धमकी, हत्या आदि किसी भी हथियार का इस्तेमाल करके इसलाम को आगे बढ़ाने के काम में जुटे हुए हैं। इसलाम के लव जेहाद के बारे में इतनी खबरें आ चुकी हैं कि उसके बारे में भारत का बच्चा-बच्चा जानता है। दरगाहें तो इस राजनीतिक आंदोलन की खुफिया शाखा हैं। यहाँ पर मासूम हिंदुओं को भरमाया जाता है और फिर मौलाना उन्हें मुसलमान बना देता है। हमने सिंध की भरचंडी दरगाह के मौलाना मियाँ मिट्ठू की कारस्तानियों का अलग से एक अध्याय में जिक्र किया है। वह हिंदुओं को मुसलमान बनाने के लिए हर तरह के हथकंडे अपनाता है। यह दरगाह सिंध की हिंदू आबादी को इसलाम में बदलने के लिए सन् 1947 से पहले से ही कुख्यात रही है।

हिंदुओं को इसलाम का असली चेहरा जान लेने के बाद दरगाह जाना पूरी तरह बंद कर देना चाहिए। हमारी अपनी एक स्वस्थ, समृद्ध, प्राचीन, सभ्य और सुसंस्कृत सभ्यता रही है। एक ऐसी सभ्यता, जो 'वसुधैव कुटुम्बकम्' की अवधारणा की जननी है। सनातन धर्म या हिंदू धर्म कोई राजनीतिक आंदोलन नहीं है। यहाँ सबको अपने मनोभाव को पूरी तरह से व्यक्त करने की पूरी छूट मिली हुई है। यह हिंदुत्व की सबसे प्रमुख पहचान है कि किसी भी व्यक्ति के ऊपर किसी अन्य व्यक्ति के विशिष्ट विचारों को थोपा नहीं जाता है। यह कोई राजनीतिक या सामाजिक आंदोलन नहीं है।

इसलाम के अनुयायी चाहे जो भी भाषा बोलें, उनका लक्ष्य बस, एक ही है—दुनिया भर के गैर-मुसलिमों को किसी भी तरीके से समाप्त करना। उनका लक्ष्य पूरी तरह स्पष्ट है कि जब तक एक भी काफिर जिंदा है, अल्लाह और मोहम्मद का काम नहीं रुकेगा। लोग ईश्वर की तुलना अल्लाह से करते हैं,

उन्हें कुरान की इस बात को याद कर लेना चाहिए कि उसमें अल्लाह के संदेश को मोहम्मद ने बताया है कि जो हमें नहीं मानता, जो कुरान नहीं पढ़ता, जो जिब्राइल और मोहम्मद को नहीं मानता, वह काफिर है। वह कत्ल किए जाने योग्य है। मोहम्मद ने अपने अनुयायियों को आदेश दे रखा है कि जब रमजान का महीना समाप्त हो जाए तो काफिरों को घात लगाकर मारो। याद रखिए, और कभी भी मत भूलिए कि मोहम्मद के नेतृत्व में इसलाम के नाम पर 610 ईस्वी में अरब से जो राजनीतिक आंदोलन शुरू किया गया था, उसके तहत काफिरों का कत्ल लगातार जारी है। 1947 में इसलाम के नाम मुसलमानों ने देश के दो टुकड़े किए और लाखों निर्दोष हिंदुओं को मौत के घाट उतारा। यह दर्दनाक मंजर देखनेवाली पीढ़ी अभी भी जिंदा है। कहते हैं कि जो समाज अपने इतिहास को भुला देता है, वह इतिहास के गर्त में समा जाता है। हमको अपना इतिहास फिर से याद करना होगा और विशेष रूप से इसलाम के संदर्भ में तो यह बेहद जरूरी है।

इसलाम भारतीय संस्कृति को स्वीकार नहीं करता है। हिंदू समाज की आस्था और मान्यता को पूरी तरह खारिज करता है। इसके अनुयायी खुलेआम हमारे देवी-देवताओं का मजाक बनाते हैं। सनातन धर्म व्यक्तिगत आस्था को सबसे ऊपर रखता है, जबकि इसलाम समाज और राजनीति में हस्तक्षेप करता है। इसलाम साफ कहता है कि अल्लाह को न माननेवालों को भी राजनीतिक जीवन को इसलाम के आधार पर मानना है। ये लोग राजनीति और शासन को इसलामी कानून के सहारे चलानेवाले हैं। इस कानून को 'शरिया' कहा जाता है। इसलाम को पश्चिम के देशों में रहने वाले गैर-इसलामी विचारधारा को माननेवाले लोग, जैसे ईसाई और यहूदी लोग, इस बात को हम हिंदुओं से अच्छी तरह समझते हैं। भारत जैसे गैर-इसलामी देश में जहाँ हिंदू आबादी 79 प्रतिशत से भी अधिक है, इसलाम के अनुयायी झुंड में रहना पसंद करते हैं। बड़े शहरों में इनकी बस्तियों को देखकर जरा सोचिए, इनको किससे डर है ? बहुसंख्यक हिंदू आबादी के बीच में सिख, पारसी, ईसाई, जैन, बौद्ध सभी मतावलंबी शांतिपूर्वक अपना जीवन-यापन व्यतीत कर रहे हैं। इन लोगों को कभी हिंदुओं से खतरा

पैदा क्यों नहीं होता है, क्यों मुसलमानों को ही खतरा दिखता है ?

इसका यही जवाब है कि इनकी सोच में खोट है। इनका मूल ही खराब है। इसकी जड़ मोहम्मद और कुरान की पुस्तकों में है। ये वही काम करते हैं, जिससे हिंदू समाज की आस्था पर प्रहार हो। उदाहरण के लिए, ये लोग गाय का मांस खाते हैं। मांस खाने के लिए धरती पर कई तरह के जीव-जंतु भरे पड़े हैं, लेकिन इनको गोमांस ही खाना है, क्योंकि हिंदू धर्म में गाय को पवित्र माँ के समान माना गया। और कोई दूसरा कारण है ही नहीं। ये लोग हिंदू देवी-देवताओं को खुलेआम खारिज करते हैं। ये लोग गाली की तरह हिंदुओं के लिए अत्यंत ही घृणास्पद भाव से 'काफिर' शब्द का इस्तेमाल करते हैं। ये हिंदुओं की तरह शादी-ब्याह में गोत्र को नहीं मानते हैं। जिन रिश्तों के बीच शादी को हिंदुओं ने वर्जित माना है, उसे भी ये लोग नहीं मानते हैं। करीबी रिश्तों में शादी करके ये लोग 14 सौ सालों से हमारी सनातन परंपरा पर लगातार प्रहार कर रहे हैं। सऊदी अरब का मुसलमान भले ही दाढ़ी-मूँछ न रखे, लेकिन भारत, पाकिस्तान, बांग्लादेश और अफगानिस्तान के मुसलमानों का हुलिया देखिए। बड़े भाई का कुरता और छोटे भाई का पाजामा पहनकर, मूँछ मुँड़ाकर, मेहँदी लगी बड़ी-बड़ी दाढ़ी में मुसलमान हर तरफ मिलेंगे।

मुसलमानों के बीच यह सर्वमान्य सहमति बनी हुई है कि जब तक हमारी आबादी 30 प्रतिशत से कम है, तबतक गैर-मुसलिमों के बीच शांति, प्रेम और भाईचारे के साथ रहो। तबतक धैर्य के साथ इंतजार करो और अपने अंतिम लक्ष्य को हासिल करने के लिए लगातार शांतिपूर्ण तरीके से संघर्ष करो। जैसे ही तुम्हारी आबादी 30 प्रतिशत से ऊपर उठे, तुम भी एकजुट होकर काफिरों के विरुद्ध अपनी तलवार उठा लो। 1947 के बँटवारे में देश में यही हुआ था। इसलाम के नाम पर इन लोगों ने हिंदुओं और सिखों की लाशों को ट्रेन की बोगियों में भर-भरकर भारत भेजा था। आप अभी हमारी बात पर विश्वास नहीं करना है तो मत करो, लेकिन मुझे पूरा यकीन है कि जाने-माने पत्रकार खुशवंत सिंह के उपन्यास 'ट्रेन टु पाकिस्तान' को पढ़ने के बाद हमारी बात को सौ प्रतिशत मानोगे।

पैगंबर मोहम्मद इसलाम के पहले शासक थे। अरब की बिगड़ी हुई सामाजिक व्यवस्था दुरुस्त करने के लिए उन्होंने इसलाम की अवधारणा को लागू किया। उन्होंने 610 ईस्वी में अपने अभियान की शुरुआत की और मात्र 12 वर्ष के प्रयास के बाद वह 622 ईस्वी में मदीना पर अपना शासन लागू करके उसके सर्वे-सर्वा बन गए। इसके बाद अगले दस साल तक वह इस इलाके के रसूल, यानी पैगंबर, मुबल्लिग यानी दीन प्रसारक, इमाम यानी राज्य प्रमुख, मुफ्ती यानी न्यायाधीश बने रहे। कहीं पर भी नहीं लिखा गया है कि पैगंबर मोहम्मद अंतिम पैगंबर हैं और उनका यह स्थान कोई दूसरा नहीं ले सकता है। मोहम्मद साहब ने अपने उत्तराधिकारी के रूप में किसी को नियुक्त भी नहीं किया। 632 ईस्वी में उनके निधन के बाद कर्बला में उत्तराधिकार के लिए खूनी संघर्ष हुआ। यह शुद्ध रूप से एक राजनीतिक संघर्ष ही था। सत्ता पर काबिज होने के लिए दोनों पक्षों ने मोहम्मद की वैचारिक विरासत को अपना हथियार बनाया। पूरा इसलामी समाज मोहम्मद के निधन के बाद दो टुकड़ों में बँट गया, अगर इसलाम धर्म होता तो विचार

की विरासत के लिए खून-खराबे तक की नौबत ही नहीं आती। चूँकि यह तो विचार को सीढ़ी बनाकर सत्ता पर कब्जा जमाने का मामला था, इसलिए मोहम्मद की मौत के तुरंत बाद खून-खराबा शुरू हो गया। हजरत अली और अल्लाह के दूत मोहम्मद के बीच अद्‌भुत रिश्ता था। आज की राजनीति में भाई-भतीजावाद की अकसर चर्चा होती है। मोहम्मद ने भी अल्लाह को बीच में लाकर बेहद चालाकी के साथ भाई-भतीजावाद को आगे बढ़ाने का प्रयास किया था। अली मोहम्मद के भतीजे और दामाद दोनों थे। उनको माननेवाले अपने आपको 'शिया' कहते हैं। शिया लोगों का कहना है कि अली को मोहम्मद ने स्वयं अपना वारिस घोषित किया था और सार्वजनिक रूप से यह घोषणा की थी कि अल्लाह के आदेश से वह अली को अपना उत्तराधिकारी बना रहे हैं। उन्होंने यह भी घोषणा की थी कि 'अकमलतो लकुम दिनोकुम', यानी आज मजहब पूर्ण हो गया, अर्थात् मजहब, यानी दीन को पूरी तरह समझा दिया गया।

वहीं दूसरी तरफ सुन्नी मुसलमान इस दावे को उसी समय से खारिज करते आ रहे हैं, जो आज भी जारी है। मोहम्मद के निधन के बाद आगामी कुछ सौ वर्षों का अरब देशों का इतिहास काफी उथल-पुथल भरा रहा। ये लोग इसलाम को हथियार बनाकर सत्ता पर कब्जे में जुटे रहे। शिया-सुन्नी के बाद इसलाम कई फिरकों में बँटता गया और इसके पीछे कई कारण रहे। आज स्थिति यह कि इसलाम के 72 फिरके धरती पर बन चुके हैं। जाहिर है, यह कोई धर्म है ही नहीं, अगर यह धर्म होता तो इसमें मोहम्मद की मौत के बाद संघर्ष नहीं होता! इनके फिरके भले ही अलग हैं, लेकिन हिंदुओं को कभी भी यह नहीं भूलना चाहिए कि ये सभी मोहम्मद के ही अनुयायी हैं और जेहाद में जुटे हुए हैं।

अरब का अधिकतर इलाका रेगिस्तानी है। यहाँ संसाधनों की काफी थी, इसलिए यहाँ के लोग संसाधन इकट्ठा करने के लिए आपस में जमकर लूटपाट करते थे। उस समय भारत दुनिया का सबसे सभ्य, सुसंस्कृत और समृद्ध राष्ट्र था। अरब अफगानिस्तान, पाकिस्तान, म्याँमार, बांग्लादेश तक

भारत की सीमा फैली हुई थी, इसीलिए महमूद गजनी, बाबर, मोहम्मद बिन कासिम, तैमूर लंग, नादिरशाह जैसे लुटेरे भारत में घुसे और इसलाम के नाम पर इन लोगों ने जमकर लूटपाट की। हमारे मंदिरों को तोड़ा और उन्हें मसजिद में बदलने का अधार्मिक कृत्य किया। इन लोगों ने इसलाम के प्रचार-प्रसार के लिए तलवार और सूफियों की सहायता लेने के अलावा कई अन्य प्रकार के हथकंडों का भी इस्तेमाल किया।

इसलाम के आगमन के पहले अरब में भी हिंदू धर्म को माननेवाले लोग रहा करते थे। मक्का को 'मक्केश्वर महादेव मंदिर' कहा जाता था। जी हाँ, यह बात बिल्कुल सत्य है। जिस 'संगे अस्वद' को मुसलमान लोग हज यात्रा के दौरान चूमते हैं, वह शिवलिंग है। इस मंदिर में शिवलिंग के अलावा कुल 360 मूर्तियाँ भी स्थापित थीं। मोहम्मद के चाचा बहुत बड़े शिवभक्त थे।

जब से इसलाम आया है, तब से लेकर अब तक भारत का मुसलमान अरब और तुर्की के बीच सत्ता संघर्ष में झूले की तरह इधर-उधर झूल रहा है। एक गलत राजनीतिक विचारधारा में फँसे भारतीय उपमहाद्वीप के मुसलमान अभी कुछ महीने पहले तक अरब के साथ थे, लेकिन अब वे तुर्की की तरफ झुक रहे हैं। तुर्की और अरब एक-दूसरे को फूटी आँखों नहीं देखना चाहते हैं। दोनों के बीच इसलाम का राजनीतिक इस्तेमाल करके खुद को इसकी धुरी बनाकर राजनीतिक और सामाजिक सत्ता पर प्रभुत्व कायम करने की प्रतिद्वंदिता है। भारतीय उपमहाद्वीप के मुसलमान अपने पुरखों की संस्कृति को छोड़कर खुद को भले ही कभी अरब और कभी तुर्की की तरफ देखते हैं, लेकिन इनको पता होना चाहिए कि अरब और तुर्की के लोग इन लोगों को किस नजरिए से देखते हैं। इन देशों के लोग भारत, पाकिस्तान या बांग्लादेश के मुसलमान मर्दों से अपनी बेटियों की शादी नहीं करते, लेकिन यहाँ के लोग बुड्ढे शेखों को अपनी बेटियाँ सौंप देते हैं। यह एक कड़वा सच है, जिसे स्वीकार करना इन लोगों के लिए काफी कठिन है, क्योंकि ये लोग भी सत्ता के लिए जेहाद कर रहे हैं।

आगे मैं आप सबको एक ऐसी प्रामाणिक बात बताने जा रहा हूँ, जिसके

बारे में बहुत कम लोगों को पता है। मैं पहले कह चुका हूँ कि हर हिंदू को कम-से-कम एक बार कुरान अवश्य पढ़नी चाहिए, उसी तरह मेरा यह सुझाव है कि आगे जो बात बताने जा रहा हूँ, उसे न सिर्फ प्रत्येक हिंदू, बल्कि प्रत्येक मुसलमान को भी कम-से-कम एक बार अवश्य पढ़ लेना चाहिए। विश्वास है कि अगर खुले दिमाग से पढ़ा तो आपको हिंदू धर्म के भौगोलिक विस्तार और राजनीतिक आंदोलन के रूप में मोहम्मद तथा उनके द्वारा शुरू किए गए इसलाम की सत्तालोलुपता का असली दर्शन हो जाएगा। तुर्की के शहर इस्ताम्बुल के प्रसिद्ध राजकीय पुस्तकालय 'मक्तब-ए-सुल्तानिया' (संप्रति, मक्तब-ए-जम्हूरिया) में प्राचीन पश्चिम एशियाई साहित्य के विशाल भंडार उपलब्ध हैं। इसके अरबी विभाग में प्राचीन अरबी-कविताओं का संग्रह 'शायर-उल-ओकुल' हस्तलिखित ग्रंथ के रूप में सुरक्षित रखा हुआ है। इस ग्रंथ का संकलन एवं संपादन बगदाद के खलीफा हारून अल रशीद के दरबारी एवं सुप्रसिद्ध अरबी कवि अबू अमीर अब्दुल अस्मई ने किया था। उन्हें 'अरबी काव्य साहित्य का कालिदास' कहा जाता है।

सन् 1792 ई. में तुर्की के प्रसिद्ध शासक सलीम-तृतीय (1789-1807) ने अत्यंत यत्नपूर्वक किसी प्राचीन प्रति के आधार पर इसे लिखवाया था। इस दुर्लभ हस्तलिखित ग्रंथ के पन्ने लेखन योग्य कच्ची रेशम की एक किस्म 'हरीर' के बने हैं, जिसके कारण यह सर्वाधिक मूल्यवान् पुस्तकों में से एक है। इस ग्रंथ के प्रत्येक पृष्ठ को सुनहरी सजावटी किनारी से सुसज्जित किया गया है। इस महान् ग्रंथ का प्रथम अंग्रेजी-संस्करण सन् 1864 ई. में बर्लिन (जर्मनी) से प्रकाशित हुआ था। द्वितीय संस्करण सन् 1932 में बेरुत (फिलिस्तीन) से प्रकाशित हुआ। सन् 1963 ई. में प्रो. डॉ. हरवंशलाल ओबराय (1925-1983) ने अपने इराक प्रवास के दौरान बगदाद विश्वविद्यालय में हुए अपने व्याख्यान के समय इस ग्रंथ को वहाँ पुनर्प्रकाशन हेतु संपादित होते देखा था। डॉ. ओबराय उस ग्रंथ की महत्त्वपूर्ण कविताओं को नोट करके भारत लाए थे। उन्होंने अप्रैल 1978 में दिए गए अपने एक भाषण, जिसका कैसेट एक भारतीय विद्वान् के पास उपलब्ध है, उस भाषण में 'शायर-उल-ओकुल'

की पंक्तियाँ उद्धृत करते हुए प्रो. डॉ. हरवंशलाल ने कहा था, "सन् 1963 में अपने इराक प्रवास के दौरान वहाँ से लौटते समय मैंने उस ग्रंथ का दर्शन किया और उसे अपनी डायरी में नोट किया था। भारत लौटने पर बाबू जुगल किशोर बिड़ला ने एक बार मुझसे कहा कि कुछ रोचक प्रसंग सुनाइए, तो मैंने उन्हें बताया कि इराक से मैं यह कविता लेकर आया हूँ। कविता सुनकर बिड़लाजी उछल पड़े। उनकी आँखों से झर-झर आँसू बहने लगे। उन्होंने तुरंत उस कविता को एक बड़े लाल संगमरमर की पट्टी पर खुदवाकर दिल्ली के बिड़ला-मंदिर में लगवाने का आदेश दिया। आज भी वह पत्थर बिड़ला-मंदिर में लगा हुआ है।"

बाद में डॉ. ओबराय ने इन्हीं प्राचीन इसलामी अरबी कविताओं के आधार पर 'ए ग्लिंप्स ऑफ प्री एंड इस्लामिक अरेबिया' अथवा 'इन्फ्लुएंस ऑफ इंडियन कल्चर ऑन अरेबिया' शीर्षक से शोध-पत्र लिखा। उन्होंने इस शोध-पत्र को प्राचीन भारतीय इतिहास एवं पुरातत्त्व विभाग, मद्रास विश्वविद्यालय तथा राजकीय संग्रहालय, एगमोर, मद्रास के संयुक्त तत्त्वावधान में 12-14 फरवरी, 1982 को आयोजित 'अखिल भारतीय इतिहास एवं संस्कृति सम्मेलन' में पढ़ा था। सम्मेलन में उपस्थित संपूर्ण देश के इतिहास एवं संस्कृति के लगभग 200 विद्वानों ने इस शोध-पत्र की भूरि-भूरि प्रशंसा की थी। सम्मेलन का उद्घाटन तमिलनाडु के तत्कालीन शिक्षामंत्री श्री सी. आरंगानायगम ने किया था। इसकी अध्यक्षता मद्रास विश्वविद्यालय के उपकुलपति डॉ. एम. संतप्पा ने की थी। मद्रास विश्वविद्यालय इसी शोध-पत्र पर डॉ. ओबराय को 'डीलिट्.' की उपाधि देकर गौरवान्वित हुआ था।

इतिहासकार पुरुषोत्तम नागेश ओक (1917-2007) ने बिड़ला मंदिर (रीडिंग रोड, दिल्ली) से ही उस कविता को प्राप्त किया था, इसका उल्लेख उन्होंने अपने अनेक शोध-पत्रों में किया है। डॉ. ओबराय के इसी निबंध के आधार पर राम साठे (1920-2006), रामस्वरूप (1920-1998), अरुण शौरी, ए. घोष, जय दुबाशी, हर्ष नारायण, अदिति चतुर्वेदी, सीताराम गोयल (1921-2003), डॉ. सतीश चंद्र मित्तल, महेश प्रसाद, मौलवी आलिम

फाजिल, ईशदत्त शास्त्री, श्रीकृष्ण सिंह सोंढ़, आदि इतिहासकारों ने भी शोध-पत्र लिखा है।

'शायर-उल-ओकुल' ग्रंथ तीन भागों में बँटा है। प्रथम भाग में प्रागैस्लामी अरबी कवियों का जीवनवृत्त एवं उनकी कविताएँ हैं। दूसरे भाग में इसलाम के जनक मुहम्मद साहब की वाणी से लेकर दमिश्क के 'बानी उमय्या वंश' (661-750) के खलीफाओं के काल तक के कवियों की जीवनियाँ एवं उनकी रचनाएँ संकलित हैं। तीसरे भाग में बगदाद के 'बानी अब्बासी वंश' के प्रारंभ से लेकर संकलनकर्ता (अबू अमीर अब्दुल असमई) के काल तक के कवियों की रचनाएँ संकलित हैं। प्राचीन अरबी-कविताओं का यह संग्रह वस्तुत: एक अत्यंत महत्त्वपूर्ण दस्तावेज है, जो प्राचीन अरबों के जनजीवन, शिष्टाचार, मर्यादाओं, मनोरंजन, प्रचलित प्रथाओं तथा इतिहास पर पर्याप्त प्रकाश डालता है। इसके अलावा, मुख्य रूप से प्राचीनकालीन अरबों के प्रधान तीर्थ 'मक्का' का भी बहुत सुंदर वर्णन किया गया है।

'शायर-उल-ओकुल' की भूमिका में मक्का में प्रतिवर्ष महाशिवरात्रि के अवसर पर आयोजित होनेवाले वार्षिक मेले 'ओकाज' का वर्णन है। इस तथ्य को जान लीजिए कि वर्तमान प्रचलित वार्षिक हज-यात्रा भी कोई इसलामी-विशेषता नहीं है, बल्कि प्रागैस्लामी 'ओकाज' (धार्मिक मेला) का ही परिवर्तित रूप है। अरबी 'ओकाज' कैथोलिक ईसाइयों के अबाध आनंदोत्सव से बिल्कुल मिलता था। यह प्रतिभाशाली और विद्वान् व्यक्तियों को अरब पर समकालीन वैदिक-संस्कृति के सामाजिक, धार्मिक, राजनीतिक, साहित्यिक तथा अन्य विविध पक्षों पर वार्त्तालाप करने का उपयुक्त मंच प्रदान करता था।

'शायर-उल-ओकुल' में लिखा गया है कि उन वार्त्तालापों और वाद-विवादों में निकले हुए निष्कर्षों एवं निर्णयों का पूरे अरब में व्यापक रूप से सम्मान किया जाता था। इस प्रकार, विद्वानों में परस्पर विचार-विमर्श करने एवं जनता को आध्यात्मिक शांति के लिए एकत्र करने का स्थान उपलब्ध कराने की काशी पद्धति का अनुसरण ही मक्का ने किया। इस मेले का मुख्य

आकर्षण मक्का के मुख्य मंदिर 'मक्केश्वर महादेव' (अब 'मसजिद-अल-हरम') के प्रांगण में होनेवाला एक सारस्वत कवि-सम्मेलन था, जिसमें संपूर्ण अर्वस्थान से आमंत्रित कवि काव्य-पाठ करते थे। ये कविताएँ पुरस्कृत होती थीं। सर्वप्रथम कवि की कविता को स्वर्णपत्र पर उत्कीर्ण करके मक्केश्वर महादेव मंदिर के परमपावन गर्भगृह में लटकाया जाता था। द्वितीय और तृतीय स्थानप्राप्त कविताओं को क्रमशः ऊँट और भेड़-बकरी के चमड़े पर लिखकर मंदिर की बाहरी दीवारों पर लटकाया जाता था। इस प्रकार अरबी साहित्य का अमूल्य संग्रह हजारों वर्षों से मंदिर में एकत्र होता चला आ रहा था। यह ज्ञात नहीं है कि यह प्रथा कब प्रारंभ हुई थी, परंतु मोहम्मद के जन्म से 23-24 सौ वर्ष पुरानी कविताएँ उक्त मंदिर में विद्यमान थीं।

सन् 630 में मुहम्मद साहिब की इसलामी सेना द्वारा मक्का पर की गई चढ़ाई के समय उनकी सेना ने ये स्वर्ण-प्रशस्तियाँ लूट लीं और शेष में से अधिकांश को नष्ट कर दिया। जिस समय इन्हें लूटा जा रहा था, उस समय स्वयं मुहम्मद साहब के एक सिपहसालार शायर 'हसन-बिन-साबिक' ने नष्ट की जा रही कविताओं में से कुछ को अपने कब्जे में कर लिया। इस संग्रह में 5 स्वर्ण-पत्रों व 16 चमड़े पर उकेरी गई कविताएँ थीं। साबिक की तीन पीढ़ियों ने उन कविताओं को सुरक्षित रखा। तीसरी पीढ़ी का उत्तराधिकारी पुरस्कृत होने की आशा से इन कविताओं को मदीने से बगदाद, वहाँ के खलीफा और संस्कृति के महान् संरक्षक हारुन अल रशीद (786-809) के पास ले गया, जहाँ उसे खलीफा के दरबारी कवि अबू-अमीर अब्दुल अस्मई ने अकूत धनराशि देकर खरीद लिया।

उन 5 स्वर्णपत्रों में से दो पर प्रागैस्लामी अरबी शायरों 'अमर इब्न-ए-हिशाम' और 'लबी-बिन-ए-अख्तब-बिन-ए-तुर्फा' की कविताएँ उत्कीर्ण थीं। साहित्यप्रेमी हारून-अल-रशीद ने अस्मई को ऐसी समस्त पूर्वकालीन और वर्तमान कवियों के व्यक्तित्व एवं कृतित्व को संकलित करने का आदेश दिया, जिसे 'अरब का विशालतम काव्य-संग्रह' कहा जा सके। उसी का परिणाम है 'शायर-उल-ओकुल' का यह संकलन। शेष 3 पर उत्कीर्ण कविताएँ जर्हम

बिन्तोई नामक कवि की थीं, जो मोहम्मद से 165 वर्ष पूर्व मक्का के प्राचीन जर्हम राजकुल में पैदा हुआ था। इस कुल के 12 शासकों ने मक्का पर 74 ई.पू. से 206 ई. तक शासन किया था। इन शासकों के नाम इस प्रकार हैं—

1. जर्हम प्रथम इब्न झाला (74-44 ई.पू.)
2. अब्द जलिल इब्न जर्हम (44-14 ई.पू.)
3. जर्हम द्वितीय इब्न अब्द जलिल (14-16 ई.)
4. अब्द उल-मेदेन इब्न जर्हम (16-46 ई.)
5. थाकिला इब्न अब्द अल-मेदेन (46-76 ई.)
6. अब्द उल-मेस्सिह इब्न थाकिला (76-103 ई.)
7. मौधाध प्रथम इब्न अब्द उल मेस्सिह महान् (106-136 ई.)
8. अम्र प्रथम इब्न मौधाध (136-150 ई.)
9. हारिथ इब्न मौधाध (150-160 ई.)
10. अम्र द्वितीय इब्न अल-हारिथ (160-180 ई.)
11. बिचर इब्न अल-हारिथ (180-190 ई.)
12. मौधाध द्वितीय अल-असगर (190-206 ई.)

कवि-हृदय होने के कारण बिन्तोई को मक्का पर शासन करने का अवसर कभी प्राप्त नहीं हुआ, तथापि उसे स्मरण था कि उसके पूर्वजों के शासनकाल में ही एक समय भारतीय सम्राट् विक्रमादित्य ने अर्वस्थान से सांस्कृतिक-राजनीतिक संबंध स्थापित किया था, इसलिए बिन्तोई ने अपनी एक कविता में विक्रमादित्य के प्रति अपनी हार्दिक कृतज्ञता व्यक्त की। राजकुल से संबंधित होते हुए भी बिन्तोई एक उच्चकोटि का कवि था। उसे ओकाज मेले में आयोजित होनेवाले कवि-सम्मेलन में सर्वश्रेष्ठ कविताओं के लिए प्रथम पुरस्कार लगातार तीन वर्षों तक मिला था। बिन्तोई की वे तीनों कविताएँ स्वर्ण-पत्र पर उत्कीर्ण होकर वर्षों तक मक्केश्वर महादेव मंदिर के गर्भगृह में टँगी रहीं। उन्हीं में से एक में अरब पर पितृसदृश शासन के लिए उज्जयिनी-नरेश शकारि विक्रमादित्य का यशोगान किया गया है।

'इत्रश्शफाई सनतुल बिकरमातुन फहलमिन
करीमुन यर्तफीहा वयोवस्सुरू।। 1।।
बिहिल्लाहायसमीमिन इला मोतकब्बेनरन,
बिहिल्लाहा यूही कैद मिन होवा यफखरू।। 2।।
फज्जल-आसारि नहनो ओसारिम बेजेहलीन,
युरीदुन बिआबिन कजनबिनयखतरू।। 3।।
यह सबदुन्या कनातेफ नातेफी बिजेहलीन,
अतदरी बिलला मसीरतुन फकैफ तसबहू।। 4।।
कऊन्नी एजा माजकरलहदा वलहदा,
अशमीमान, बुरुकन कद् तोलुहो वतस्तरू।। 5।।
बिहिल्लाहा यकजी बैनना वले कुल्ले अमरेना,
फहेया जाऊना बिल अमरे बिकरमातुन।। 6।।'

अर्थात् वे लोग धन्य हैं, जो राजा विक्रमादित्य के साम्राज्य में उत्पन्न हुए, जो दानवीर, धर्मात्मा और प्रजावत्सल था ॥ 1॥ उस समय हमारा देश (अरब) ईश्वर को भूलकर इंद्रिय-सुख में लिप्त था। छल-कपट को ही हम लोगों ने सबसे बड़ा गुण मान रखा था। हमारे संपूर्ण देश पर अज्ञानता ने अंधकार फैला रखा था॥ 2॥ जिस प्रकार कोई बकरी का बच्चा किसी भेड़िए के चंगुल में फँसकर छटपटाता है, छूट नहीं सकता, उसी प्रकार हमारी मूर्ख जाति मूर्खता के पंजे में फँसी हुई थी॥ 3॥ अज्ञानता के कारण हम संसार के व्यवहार को भूल चुके थे, सारे देश में अमावस्या की रात्रि की तरह अंधकार फैला हुआ था, परंतु अब जो ज्ञान का प्रात:कालीन प्रकाश दिखाई देता है, यह कैसे हुआ?॥ 4॥ यह उसी धर्मात्मा राजा की कृपा है, जिन्होंने हम विदेशियों को भी अपनी कृपादृष्टि से वंचित नहीं किया और पवित्र धर्म का संदेश देकर अपने देश के विद्वानों को भेजा, जो हमारे देश में सूर्य की तरह चमकते थे॥ 5॥ जिन महापुरुषों की कृपा से हमने भुलाए हुए ईश्वर और उसके पवित्र ज्ञान को समझा और सत्पथगामी हुए, वे महान् विद्वान् राजा विक्रमादित्य की आज्ञा से हमारे देश में ज्ञान एवं नैतिकता के प्रचार के लिए आए थे॥ 6॥

प्रागैस्लामी अरबी कवि बिन्तोई द्वारा सम्राट् विक्रमादित्य की प्रशंसा में रचित उपर्युक्त कविता से अरब-प्रायद्वीप से भारतवर्ष के राजनैतिक-सांस्कृतिक संबंधों का पता चलता है। यह सर्वविदित है कि भारत के उत्तर-पश्चिमी सीमा से भारत पर समय-समय पर अनेक विदेशी आक्रमण होते रहे। शकारि विक्रमादित्य ने अपनी वीरता और शौर्य का परिचय देते हुए 77 ईस्वी पूर्व में कंधार व बेबीलोन को विजित कर अरब को भी विजित किया और उसे भारतीय साम्राज्य का अंग बनाया। उन्होंने वहाँ की धार्मिक तथा सांस्कृतिक परंपराओं का सम्मान करते हुए अनेक प्रकार के सुधार किए। उन्होंने भारतीय विद्वानों को वहाँ भेजकर ज्ञान का दीपक जलाया। उन विद्वानों ने वहाँ भारतीय संस्कृति का प्रसार किया, इसलिए विक्रमादित्य का सम्मान एक विजेता के रूप में न होकर एक तारणहार के रूप में हुआ। अरबों, पारसियों, कुर्द, हूणों तथा यहूदियों ने भी विक्रमादित्य का सम्मान किया। इससे एक बार पुनः यह सिद्ध हो जाता है कि वैदिक-सभ्यता ज्ञान के प्रसार के लिए थी। इसका ध्येय यह कभी नहीं था कि धर्म के नाम पर अत्याचार किए जाएँ।

सम्राट विक्रमादित्य महाकाल के परम भक्त थे। उन्होंने अरब की धार्मिक-सांस्कृतिक राजधानी मक्का में महादेव के मंदिर का पुनर्निर्माण कराया। इसके अतिरिक्त 360 मंदिर स्थापित किए। उन्होंने बेबीलोन, फारस एवं अनातोलिया में भी कई मंदिर स्थापित किए, शिक्षा का प्रसार किया। अनातोलिया के एक व्यक्ति को वहाँ का राज्यपाल बनाकर वह उज्जयिनी लौटे, लेकिन लगभग चालीस वर्ष बाद ही, अर्थात् 33 ईस्वी पूर्व में रोमन साम्राज्य ने अनातोलिया पर आक्रमण कर दिया, जिससे उसपर वैदिक प्रभाव कम हो गया। कुछ वर्ष पहले कुवैत के पुरातत्त्व विभाग ने स्वर्ण-पॉलिश की हुई गणेशजी की एक प्रतिमा प्राप्त की है, जो निश्चय ही हिंदुस्तान के साथ अरब देशों के दृढ़ संबंधों की हमारी मान्यता को पुष्ट करती है।

'शायर-उल-ओकुल' की एक अन्य महत्त्वपूर्ण एवं रहस्योद्‌घाटनकारी कविता अरब के महाकवि और भगवान् महादेव के परम भक्त 'अमर-इब्न हिशाम' की है, जिन्हें उनके समकालीन व्यक्ति सम्मानपूर्वक 'अबुल हकम' (ज्ञान का पिता) कहकर पुकारते थे। हिशाम मक्का के एक प्रसिद्ध नेता थे, जो कुरैशी वंश के 'बानु मखजुम' शाखा से संबंध रखते थे। इस दृष्टि से हिशाम, मुहम्मद साहब के चाचा लगते थे, यद्यपि वह उनके सगे चाचा नहीं थे। हिशाम ने मक्का के इसलामीकरण के समय इसलाम स्वीकार करने से इनकार कर दिया था, अत: मुसलमान द्वेषवश उन्हें 'अबू जहाल' (अज्ञान का पिता) कहते हैं। हिशाम के पुत्र इकरिमाह इब्न अबि-जहाल ने सन् 630 ई. में इसलाम स्वीकार कर लिया और वह प्रारंभिक इसलामी राज्य का महत्त्वपूर्ण नेता हुआ।

हिशाम हिंदू-धर्म को बचाने के लिए लड़े गए बद्र के युद्ध (17 मार्च, 624 ई.) में उन मुसलमानों के हाथों शहीद हुए जो सभी गैर-इसलामी प्रतीकों को मिटा देना चाहते थे। इस महाकवि ने मक्का के कुलदेवता 'मक्केश्वर महादेव' और पवित्र भारतभूमि के लिए कविता लिखी थी, जो मक्का के वार्षिक ओकाज मेले में प्रथम पुरस्कृत होकर काबा देवालय के भीतर स्वर्णाक्षरों में उत्कीर्ण होकर टँगी थी—

'कफविनक जिकरा मिन उलुमिन तब असेरू।
कलुवन अमातातुल हवा तजक्करू॥ 1॥
न तजखेरोहा उड़न एललवदए लिलवरा।
वलुकएने जातल्लाहे औम तब असेरू॥ 2॥
व अहालोलहा अजहू अरामीमन महादेव ओ।
मनोजेल इलमुद्दीने मीनहुम व सयत्तरू॥ 3॥
व सहबी के याम फीम कामिल हिंदे यौगन।
व यकुलून न लातहजन फइन्नक तवज्जरू॥ 4॥
मअस्सयरे अखलाकन हसनन कुल्लहूम।
नजुमुन अजा अत सुम्मा गबुल हिंदू॥ 5॥'

अर्थात् वह मनुष्य, जिसने अपना जीवन पाप और अधर्म में बिताया हो, काम-क्रोध में अपना यौवन नष्ट कर लिया हो॥ 1॥ यदि अंत में उसे पश्चात्ताप हो और वह भलाई के मार्ग पर लौटना चाहे तो क्या उसका कल्याण हो सकता है?॥ 2॥ हाँ, यदि वह एक बार भी सच्चे हृदय से महादेव की आराधना करे तो वह धर्म मार्ग पर परम पद को प्राप्त कर सकता है॥ 3॥ हे प्रभु! मेरा समस्त जीवन लेकर केवल एक दिन हिंद (भारत) में निवास के लिए दे दो, क्योंकि उस पवित्र भूमि पर पहुँचकर मनुष्य आध्यात्मिकता मुक्त हो जाता है॥ 4॥ वहाँ की यात्रा से सत्कर्म के गुणों की प्राप्ति होती है और आदर्श हिंदू-गुरुजनों का सत्संग मिलता है॥ 5॥ महादेव की आराधना में ऐसे कई अरबी शेर' दिल्ली के बिड़ला मंदिर की दीवारों पर हिंदी, अरबी और अंग्रेजी में शायरों के नामों के साथ उत्कीर्ण हैं।

प्राचीन इसलामी अरबी-कवि अमर इब्न हिशाम की उपर्युक्त कविता से अनेक महत्त्वपूर्ण निष्कर्ष निकलते हैं। सर्वप्रथम, हमारी यह मान्यता और भी पुष्ट हुई है कि भगवान् महादेव पूरे अरब में परमपूज्य देवता के रूप में प्रतिष्ठित थे। दूसरा, उक्त कविता में 'हिंद' और 'हिंदू' शब्द अरबवासियों के लिए वरदानस्वरूप बताया गया है। अरबवासी भारतभूमि को 'हिंद' कहते हैं और उस कालखंड में हिंद की यात्रा के लिए अत्यंत उत्सुक रहा करते थे।

हिंद के प्रति अरबों में इतना श्रद्धाभाव था कि अरबवासी प्राय: अपनी बेटियों के नाम 'हिंद' रखते थे। छठीं सदी के अंत और सातवीं सदी के प्रारंभ में अरब देश में 'हिंद-बिन-उतबाह' नामक एक प्रभावशाली महिला हुई थी, जिसने मोहम्मद के विचारों का विरोध किया था। इस कारण इसलामी इतिहास में वह कुख्यात है। स्वयं मुहम्मद साहब की एक पत्नी का नाम भी हिंद (पूरा नाम 'उम्म सलमा हिंद बिन्त अबी उम्मैया था। इनके अलावा अरब देश में 'हिंद' नामवाली कई महिलाएँ हुईं। अरबवासी भारतीय ऋषि-मुनियों, चिंतकों, वेदांतियों, विद्वानों तथा द्रष्टाओं को अपना मार्गदर्शक मानते थे। स्पष्ट है, उन्हीं के चरणों में बैठकर अरबों ने सभ्यता का प्रथम पाठ सीखा था, लेकिन समय बीतने के साथ अरब देश के खलीफाओं ने संसाधनों पर कब्जा करना शुरू कर दिया और मोहम्मद के समय में पूरा इलाका अराजकता की गिरफ्त में आ चुका था। इस हालात में सामाजिक और राजनीतिक अव्यवस्था को दुरुस्त करने के इरादे से मोहम्मद ने इसलामी मजहब की शुरुआत की।

बहरहाल, हम बात कर रहे हैं अरबी काव्य-संग्रह की 'शायर-उल-ओकुल' में एक अन्य महत्त्वपूर्ण कविता है। इस कविता का रचयिता 'लबी-बिन-ए-अख्तर-बिन-ए-तुर्फा' है। यह रचना मुहम्मद साहब से लगभग 2300 वर्ष पूर्व (18वीं शती ई.पू.) की है। इतने लंबे समय पहले भी लबी ने वेदों की अनूठी काव्यमय प्रशंसा की है तथा प्रत्येक वेद का अलग-अलग नामोच्चार किया है—

'अया मुबारेकल अरज युशैये नोहा मीनार हिंद-ए।
वा अरादकल्लाह मज्योनेफेल जिकरतुन॥ 1॥
वहलतजल्लीयतुन ऐनाने सहबी अरवे अतुन जिकरा।
वहाजेही योनज्जेलुर्रसूल बिनल हिंदतुन॥ 2॥
यकूलूनल्लहः या अहलल अरज आलमीन फुल्लहुम।
फत्तेवेऊ जिकरतुल वेद हुक्कुन मानम योनज्वेलतुन॥ 3॥
वहोवा आलमुस्साम वल यजुरम्निल्लाहे तनजीलन।
फए नोमा या अरवीयो मुत्तवेअन मेवसीरीयोनजातुन॥ 4॥

जइसनैन हुमारिक अतर नासेहीन का-अ-खुबातुन ।
व असनात अलाऊढ़न व होवा मश-ए-रतुन॥ 5॥'

अर्थात् हे हिंद (भारत) की पुण्यभूमि! तू धन्य है, क्योंकि ईश्वर ने अपने ज्ञान के लिए तुझे चुना॥ 1॥ वह ईश्वर का ज्ञान प्रकाश जो चार प्रकाश-स्तंभों (चार वेद) सदृश संपूर्ण जगत् को प्रकाशित करता है। यह भारतवर्ष में ऋषियों द्वारा चार रूप में प्रकट हुए॥ 2॥ और परमात्मा समस्त संसार के मनुष्यों को आज्ञा देता है कि वेद, जो मेरे ज्ञान हैं, इनके अनुसार आचरण करो॥ 3॥ वे ज्ञान के भंडार 'साम' और 'यर्जु' हैं, जो ईश्वर ने प्रदान किए, इसलिए हे मेरे भाइयो! इनको मानो, क्योंकि ये हमें मोक्ष का मार्ग बताते हैं॥ 4॥ और इनमें से 'ऋक्' और 'अथर्व हैं, जो हमें भ्रातृत्व की शिक्षा देते हैं, और जो इनकी शरण में आ गया, वह कभी अंधकार को प्राप्त नहीं होता॥ 5॥

अठारह सौ ई.पू. एक अरबी-कवि द्वारा रचित वेदों के नामोल्लेखवाली कविता, क्या वेदों की प्राचीनता, उनकी श्रेष्ठता व हिंदुओं के अंतरराष्ट्रीय प्रसार को सिद्ध नहीं करती है? क्या यह कविता उन तथाकथित इतिहासकारों को तमाचा नहीं लगाती, जो वेदों को 1500-1200 ईस्वी पूर्व के अत्यंत संकुचित दायरे में समेटने का प्रयास रहे हैं? इस विषय पर निष्पक्षतापूर्वक शोध व अध्ययन की आवश्यकता है।

इस कविता के संदर्भ में एक और तथ्य महत्त्वपूर्ण है। इस कविता के रचयिता 'लबी-बिन-ए-अख्तर-बिन-ए-तुर्फा' का नाम किसी व्यक्ति का अपनी तीसरी पीढ़ी तक परिचय देने की संस्कृत-पद्धति का स्मरण कराता है। भारतीय विवाहों तथा अन्य महत्त्वपूर्ण धार्मिक कर्मकांडों में पूजा करनेवाले व्यक्ति का नामोल्लेख अमुक का पुत्र व अमुक का पौत्र कहकर ही किया जाता है। अभिलेखों में राजाओं के परिचय में उनकी तीन पीढ़ियों के नाम देने की प्रथा बारहवीं शती तक प्रचलित रही है। भारतीय संस्कृति में पले होने के कारण अरबों ने भी किसी व्यक्ति को उनके पिता व पितामह के संदर्भ में कहने की पद्धति को अपना लिया। 'बिन' शब्द 'का बेटा' का द्योतक है। इस प्रकार लबी 'अख्तर' का पुत्र था और अख्तर 'तुर्फा' का।

ये तो उदाहरणमात्र हैं। इस प्रकार की 64 कविताएँ अबतक प्राप्त हुई हैं, जिनमें ऐसी ही चमत्कारी बातों का वर्णन है। इन कविताओं से यह पूर्णतया सिद्ध हो जाता है कि प्रागैस्लामी अरबवासी हिंदू-धर्म को माननेवाले तथा आर्य-सभ्यता के पक्के अनुयायी थे। उक्त तथ्य को देखते हुए यह धारणा भी निर्मूल सिद्ध हो जाती है कि अरब लोग अपरिचितों की भाँति यदा-कदा भारत आते रहे, यहाँ की पुस्तकों का अनुवाद करते रहे और यहाँ की कला एवं विज्ञान के कुछ रूपों को अनायास ही धारण करके उन्हें अपने देशों में प्रचलित करते रहे। इतना गूढ़ और बहुआयामी ज्ञान कभी-कभार यात्रा करनेवालों को कभी भी प्राप्त नहीं हो सकता। पांडित्य के लिए गंभीर अध्ययन, निष्ठापूर्वक प्रयत्नों तथा ध्यानपूर्वक बनाई गई योजना की आवश्यकता होती है।

इन तथ्यों के आलोक में मोहम्मद के राजनीतिक आंदोलन, यानी इसलाम को वर्तमान आतंकवाद और चार शादियाँ करके जनसंख्या बढ़ाने की मुहिम के रूप में देखा जाना चाहिए। आतंकवाद कोई दो-चार दशक पुराना मुद्‌दा नहीं है, बल्कि यह पिछले 16 सौ वर्षों से लगातार चला आ रहा है। कोई भी मुसलमान 50 से अधिक इसलामी देशों की धर्मनिरपेक्षता पर सवाल क्यों नहीं खड़ा करता है। कोई मुसलमान आखिर यह प्रश्न क्यों नहीं पूछता है कि दूसरे धर्म के लोगों को भी अपनी आस्था के अनुसार पूजा आराधना करने की छूट इन मुसलिम देशों में क्यों नहीं है? अगर गैर-मुसलिमों के साथ इनका यह व्यवहार है तो फिर धर्मनिरपेक्ष लोकतांत्रिक देशों में ये किस आधार पर अपने लिए धार्मिक स्वतंत्रता की बात करते हैं? यह तो शुद्ध दोगलापन है। सभी हिंदुओं को उक्त तथ्यों को अपने दिमाग में बैठा लेना चाहिए और इसलाम को एक धर्म के तौर पर सिरे से खारिज करना चाहिए।

हम सोचते हैं कि उनकी हजयात्रा हमारी अमरनाथ यात्रा जैसी है! हिंदुओ! अब तो जागो! अगर उनकी हज यात्रा हमारे अमरनाथ यात्रा जैसी होती तो मक्का में सब लोगों को जाने की अनुमति होती, केवल मुसलमान ही क्यों जाते? वो हमारे ही पैसे का इस्तेमाल इसलाम के प्रचार के लिए करते हैं। याद रखो, मुसलमानों की नमाज खिलाफत का छोटा प्रयास है।

हमारा देश जब आजादी के लिए संघर्ष कर रहा था, समूचे मुसलिम देशों के मुसलमानों के साथ भारत का मुसलमान एक खलीफा के लिए संघर्ष कर रहा था। इतिहास को सही दृष्टि से पढ़ोगे तो सारी बात समझ में आ जाएगी। तुर्की का खलीफा हार कर ब्रिटेन भाग गया तो मालाबार के मोपला मुसलमानों ने अपने आक्रोश का प्रदर्शन हमारे हिंदू भाइयों, माताओं, बहनों और बेटियों की हत्या करके किया। हमारे सामने हमारे दूध पीते बच्चों को इन बेरहम आतताइयों ने भाले की नोंक पर उछाल-उछालकर मार डाला। महिलाओं के साथ बलात्कार किया और फिर उनकी हत्या कर दी। एक-एक महिला के साथ दस-दस जेहादी बलात्कार करते थे।

हिंदू समाज के लागों से मेरा हाथ जोड़कर निवेदन है कि वे इसलाम की हकीकत को समझने में कोई भूल न करें। अब बहुत हो गया। दुनिया में 50 से अधिक मुसलिम राष्ट्र हैं। ईसाई और बौद्ध धर्म को माननेवालों के भी कई राष्ट्र हैं, लेकिन हिंदुओं का घोषित रूप से कोई राष्ट्र ही नहीं है। भारत में अगर आज मुसलमानों सहित अन्य धार्मिक अल्पसंख्यक सुरक्षित हैं तो इसका एकमात्र कारण यही है कि यहाँ हिंदू आबादी का बहुमत है। अन्य देशों की अपेक्षा भारत में मुसलमान न सिर्फ सुरक्षित हैं, बल्कि सभी नागरिकों की तरह उन्हें भी हर क्षेत्र में बराबरी का अधिकार मिला हुआ है, बल्कि बराबरी से अधिक ही मिला हुआ है। आम भारतीय मुसलमान इस बात को स्वीकार भी करता है, लेकिन दु:ख इस बात का है कि मुसलमानों के नेता हमेशा उनकी भावनाओं को उभारकर अपना हित साधने की राजनीति करते रहे हैं, इसलिए हिंदू समाज के लोगों अब जागो। नीति का अवलंब ले, पहचान शत्रु प्रहार को। कृष्ण का आदेश सुन गुंजा दे गांडीव की टंकार को। ऐ पार्थ! चादर तानकर सोता रहेगा कब तलक। तू उठ जरा निज शौर्य का परिचय करा संसार को।

अंत में मुझे बस, इतना ही कहना है कि हम तो इसलामी जेहादियों के कहर के भुक्तभोगी पाकिस्तानी हिंदू के तौर पर केवल अपने विचार व्यक्त कर सकते हैं, अपना अनुभव आपके साथ साझा कर सकते हैं, फैसला तो हिंदू समाज के लोगों को ही करना होगा। बस, इतना समझ लीजिए कि धर्म

सुरक्षित नहीं है तो कुछ भी सुरक्षित नहीं है। पंजाबियों, सिंधियों, कश्मीरियों और जूट के कारोबारी बंगालियों ने खूब धन कमाया, लेकिन जब धर्म सुरक्षित नहीं रहा तो उन्हें अपनी जमीन को छोड़ने को मजबूर होना पड़ा है। इतिहास इस बात का गवाह है। इस बात को समझिए कि धन कमाना कोई बुरी बात नहीं है, लेकिन इसे धर्म के काम में भी लगाओ। धर्म और देश के लिए कम-से-कम एक घंटा प्रतिदिन अवश्य निकालो। जो धर्म की रक्षा करता है, धर्म उसकी रक्षा करता है। धर्मो रक्षति रक्षितः।

शिव के संदेश का स्मरण करो। राम और कृष्ण को याद करो। अपने ऋषियों-मुनियों की विरासत को सँभालने का संकल्प लो और इस राजनीतिक आंदोलन को धर्म के सहारे समाप्त करो। दुनिया को धर्म के बारे में अपने आचरण से बताओ। धर्म वह है, जो हमारे लिए धारण करने योग्य होता है, जिससे समस्त मानवता का कल्याण होता है। यह मनुष्य के विवेक को पुष्ट करता है, न कि उसे किसी एक व्यक्ति विशेष की बातों को पत्थर की लकीर मानकर आँख मूँदकर चलने को मजबूर करता है। याद रहे, धर्म तर्क-वितर्क, खंडन-मंडन और अन्वेषण का रास्ता खोलता है। यह भी याद रहे कि दुनिया में सत्य सनातन ही एक ऐसा धर्म है, जो इन सभी विशेषताओं को अपने आप में समाहित किए हुए है, इसीलिए इसे 'सत्य सनातन, नित्य नूतन, चिर पुरातन' कहा जाता है।

□

बिना दाढ़ी का तालिबानी है इमरान खान

मैं आपको पाकिस्तान में अल्पसंख्यकों, विशेष रूप से हिंदुओं की प्रताड़ना के कुछ और किस्से सुनाता हूँ। गौर से सुनिएगा, क्योंकि ये किस्से हमारी बंद आँखों को खोलने के लिए बहुत आवश्यक हैं, क्योंकि ये किस्से जंबूद्वीप के रेवा खंड के भारतवर्ष की सनातन परंपरा पर इसलामिक गणराज्य पाकिस्तान सरकार की गहरी साजिश का पर्दाफाश करते हैं, क्योंकि ये किस्से हमारी सनातन परंपरा को पूरी तरह नष्ट करने की एक सोची-समझी कार्यनीति का सलीके से खुलासा करते हैं।

आप समस्त हिंदू भाई-बहनों से मेरा करबद्ध निवेदन है कि इन किस्सों को सुनिए और समझिए ही नहीं, बल्कि जितने लोगों को हो सके, सुनाइए, क्योंकि यह हमारे अस्तित्व को, हमारे पूर्वजों की हजारों साल पुरानी समृद्ध परंपरा को एक भू-भाग से समाप्त करने की गहरी साजिश है। इन किस्सों को हमारी आनेवाली पीढ़ियों के जेहन में कूट-कूटकर भरना बेहद जरूरी है, क्योंकि हमें अपने पुरखों की जमीन पर फिर से सनातन मूल्यों को स्थापित करना है। यह काम आज असंभव दिख रहा है, लेकिन समयचक्र बदलता है और कोई अवतारी पुरुष आकर इतिहास की गलतियों को दुरुस्त करके सत्य सनातन मूल्यों को पुनर्प्रतिष्ठित करता है, इसलिए इसलामिक गणराज्य पाकिस्तान के शैतानी चेहरे का पता पूरी दुनिया को चलना ही चाहिए।

तालिबान का नाम सुनते ही हम सबके जेहन में बस एक ही चित्र सामने आता है। वह है बिना मूँछ के, लंबी दाढ़ीवाला पठानी कुरता पहनकर कंधे

पर बंदूक रखकर जेहाद के लिए जान देनेवाला व्यक्ति, लेकिन यह हमारा-आपका भ्रम है। पिछले 72 वर्षों के दौरान पाकिस्तान में बिना दाढ़ी-मूँछ के तालिबानियों की एक नई फसल तैयार हो गई है, फिलहाल इस फसल का मालिक, यानी शीर्ष नेता पूर्व क्रिकेटर व पाकिस्तान का प्रधानमंत्री इमरान खान है। इस समय दोनों तरह के तालिबानियों का नेता यही बिना दाढ़ीवाला तालिबानी इमरान खान है, जो सेना और खुफिया एजेंसी आईएसआई के रहमो-करम पर सत्ता संचालन का मोहरा बना हुआ है।

पाकिस्तान में कहने के लिए लोकतंत्र है। यह एक दिखावा मात्र है। प्रधानमंत्री कोई भी रहे, पाकिस्तान की विदेश नीति और विशेष रूप से उसकी भारत नीति पर कोई फर्क नहीं पड़ता है। पाकिस्तान पूरी तरह एक इसलामिक गणराज्य है। अंतरराष्ट्रीय सहायता और अनुदान लेने के लिए सेना ने मजबूरी में लोकतंत्र का एक बेहद कमजोर ढाँचा खड़ा कर रखा है। यह ढाँचा ऐसा है कि प्रधानमंत्री और राष्ट्रपति को सेना की कठपुतली बनकर रहना पड़ता है।

पाकिस्तान की सेना का हर जवान भारत को अपना दुश्मन मानकर कुरान की कसम खाकर जम्मू-कश्मीर को आजाद कराने का अनिवार्य रूप संकल्प लेता है। पाकिस्तान में भारत विरोधी आतंकी संगठनों के साथ-साथ सेना, आईएसआई और राजनीतिक दलों में कट्टर व धर्मांध जेहादी तत्त्वों की भरमार है। ये लोग पुलिस और प्रशासन में अपनी गहरी पैठ भी बनाए हुए हैं, क्योंकि इन्हें सरकार का खुलेआम समर्थन मिल रहा है। ये लोग जेहाद के नाम पर सभी अल्पसंख्यकों पर इसलाम में बदलने के लिए किसी-न-किसी तरीके से दबाव बनाते हैं। इनके अत्याचार के सबसे अधिक शिकार पाकिस्तान के सबसे बड़े अल्पसंख्यक हम 'हिंदू' धर्म को माननेवाले लोग हैं।

हमें गर्व है कि अपने पूर्वजों के सनातन मूल्यों को हमारे हिंदू भाइयों ने पाकिस्तानियों की तमाम दर्दनाक प्रताड़नाओं के बावजूद नहीं छोड़ा है। पाकिस्तान की सेना और अदालत के सहयोग से अपने प्रतिद्वंद्वियों को जेल की सलाखों के पीछे भेजकर पाकिस्तान की सत्ता पर कथित लोकतांत्रिक तरीके से काबिज हुए प्रधानमंत्री इमरान खान ने जुलाई 2019 में एक

कार्यक्रम में भाषण दिया था। मैं आपको उस भाषण के बारे में बताकर अपनी बात को आगे बढ़ाऊँगा।

इमरान खान ने इसलामाबाद में राष्ट्रीय अल्पसंख्यक दिवस पर आयोजित एक समारोह को संबोधित करते हुए कहा था कि बंदूक की नोक पर या जबरदस्ती शादियाँ करके किसी को मुसलमान बनाना गैर-इसलामी है। उन्होंने कहा था कि ये ताकत तो अल्लाह ने पैगंबर तक को नहीं दी थी कि किसी को ईमान में लाए। पैगंबर का भी काम केवल पैगाम देना था और ईमान तो अल्लाह की नेमत है। उन्होंने कहा कि यह ताकत जब पैगंबर तक को अल्लाह ने नहीं दी तो हम कौन होते हैं?

इमरान खान ने आगे यह भी कहा कि कुरान के अंदर हुक्म है कि दीन में कुछ भी जबरदस्ती नहीं है। कौन क्या ईमान लेकर आता है, यह तो अल्लाह की नेमत है। अल्लाह ने तो साफ कहा था कि आपका काम पैगाम देना है, न कि जबरदस्ती करना। इनसान किस ईमान में रहेगा, यह तो अल्लाह के हाथ में है। बंदूक की नोक पर किसी को आप मुसलमान बनाएँ या किसी को मुसलमान नहीं होने के कारण मारें, यह पूरी तरह से गैर-इसलामिक है।

खान ने कहा कि इसलाम के नाम पर किसी को मारना तो पूरी तरह से गैर-इसलामी है। आपको बुनियाद याद रखने की जरूरत है, क्योंकि अल्लाह ने पैगंबर को भी यह अधिकार नहीं दिया था। अल्लाह के पैगंबर के पास यह अधिकार नहीं था तो आप कहाँ से हासिल कर लेते हैं? उन्होंने कहा कि इसलाम में दूसरे धर्मों के धर्मस्थलों की सुरक्षा की पूरी व्यवस्था की गई है। उसकी इज्जत है। आज जो जबरदस्ती करते हैं और उन्हें लगता है कि इसलाम का भला कर दिया है, लेकिन उन्हें इसलाम के बारे में पता नहीं है। ऐसे लोग न तो कुरान जानते हैं और न ही सुन्नत जानते हैं।

इमरान खान की इन बातों पर समारोह में मौजूद लोगों ने खूब तालियाँ बजाईं। खान ने मदीना की रियासत को आधुनिक रियासत बताते हुए कहा कि इस रियासत में एक खलीफा भी कानून के नीचे था। पाकिस्तान इसलिए नहीं बना था कि पहले यहाँ एलीट हिंदू थे और उनकी जगह अब एलीट मुसलमानों

ने ले ली। मदीना की रियासत में भी अल्पसंख्यकों से भेदभाव नहीं किया जाता था। इसलाम में दूसरे धर्मों के धार्मिक स्थलों की सुरक्षा की बात कयामत तक कही गई है। यही हमारा आदर्श है। सारा अरब इसलाम के अंदर आ गया, तब भी कोई भेदभाव नहीं किया गया। मदीना की रियासत में अल्पसंख्यकों को पूरा हक मिला था। उनका राज्य में हिस्सा था। यह रियासत तालीम और विज्ञान में आगे थी। हमारे मुल्क में कानून का शासन नहीं है। जब कानून का राज नहीं होता है तो बड़ी कौम सबसे पहले तबाह होती है। जो ज्यादा जुर्म कर रहा है, उन्हें विशेषाधिकार मिला हुआ है, सिर्फ यहाँ अल्पसंख्यकों को ही हक नहीं मिला है, बल्कि गरीबों को भी हक नहीं मिला है।

इमरान खान ने कहा कि हमारी जंग हक की है। अल्पसंख्यकों के साथ गरीबों के लिए हक की जंग लड़नी है। हमें आधुनिक पाकिस्तान बनाना है। इसलामिक राज्य में भी सभी इनसानों के साथ समान व्यवहार होता है। इसलाम किसी से भेदभाव की इजाजत नहीं देता है। कबायली इलाकों के लोग क्यों पाकिस्तान के लिए लड़ेंगे, जब उन्हें हक ही नहीं मिला है? इसी तरह अल्पसंख्यकों की सुरक्षा की जिम्मेदारी हमारी है। हमने प्रक्रिया शुरू कर दी है

और इसमें थोड़ा वक्त लगेगा। मदीना की रियासत बनने में भी वक्त लगा था।

इमरान खान ने कहा कि अगर हिंदू, सिख और ईसाई यह कहना शुरू कर देंगे कि यह पाकिस्तान उनका है तो यह मुल्क और मजबूत होगा। मुझे तो अंदाजा ही नहीं था कि करतारपुर सिखों के लिए मदीना है। मैंने सोचा कि मुसलमानों के लिए मक्का और मदीना इतना अहम है तो सिखों के लिए भी तो ऐसा ही है। हम करतारपुर में सिखों के लिए पूरी व्यवस्था करेंगे। हम हिंदुओं से कहना चाहते हैं कि जो भी हम कर सकते हैं, उसके हिसाब से आपके धर्म की रक्षा करेंगे। हम सुन्नत पर चलते हुए यह सब करेंगे।

किसी को भी इमरान खान की उक्त बातें सुनकर भ्रम हो सकता है। कितनी अच्छी-अच्छी बातें उन्होंने अपने देश के अल्पसंख्यकों और विशेष रूप से अपने हिंदू भाई-बहनों-माताओं-बेटियों के लिए कहीं। नया पाकिस्तान बनाने की बात कर रहे हैं। बड़ी ईमानदारी से स्वीकार कर रहे हैं कि हमें अल्पसंख्यकों को उनका हक देना होगा। ऐसा लग रहा है कि यह तो बहुत नेक इनसान है। भारत के साथ अब पाकिस्तान के संबंध सुधर जाएँगे। मैं आपको बता दूँ कि ऐसा कुछ भी नहीं होने वाला है। पाकिस्तान ने पिछले 72 सालों के दौरान घृणा की बुनियाद पर अपने बहुसंख्यक नागरिकों की जो पौध तैयार की है, वह अब वहाँ की सत्ता पर अपना शिकंजा पूरी तरह से कस चुकी है। आप यकीन मानिए, इमरान खान जो कुछ भी कह रहा है, वह पूरी तरह झूठ है। उसने ये सारी बातें सरकारी अधिकारियों द्वारा बताई गई बातों को रटकर बोल दिया है, क्योंकि अल्पसंख्यकों को पूरी तरह सुरक्षा देने की झूठी बातें बताकर दुनिया भर से इमरान को भारत के खिलाफ पैसा बटोरना है।

इमरान खान के इस झूठ को और अच्छी तरह से समझने के लिए आगे एक किस्सा सुनिए। यह बिल्कुल ताजा किस्सा है। इसे सुनकर आपको पूरी तरह से विश्वास हो जाएगा कि इमरान खान पाकिस्तान का बिना दाढ़ीवाला तालिबानी है। भारत और पाकिस्तान सहित दुनिया भर के समाचार-पत्रों में न्यूज एजेंसी एएनआई द्वारा पंजाब प्रांत (पाकिस्तान) की डेट लाइन से एक खबर 22 मई, 2020 को प्रकाशित हुई थी। खबर की सुर्खी थी—'पाकिस्तान

में इमरान के मंत्री के नेतृत्व में बुलडोजर चलाकर उजाड़ी गई हिंदुओं की बस्ती'। खबर के मुताबिक कोरोना महामारी के काल में जब दुनिया भर के देशों में सरकारें अपने नागरिकों से घरों में रहने का आग्रह कर रही हैं, तब पाकिस्तान में सरकार के इशारे पर हिंदुओं की बस्ती उजाड़ दी गई। बहावलपुर जिले के यजामन शहर में में इमरान सरकार के आवास मंत्री तारिक बशीर चीमा के नेतृत्व में हिंदुओं के घर जमींदोज कर दिए गए। चिलचिलाती गरमी में चलाए गए इस अभियान के दौरान देश के मुख्य सूचना अधिकारी शाहिद खोखर भी मौजूद रहे। महिलाएँ, बच्चे और पुरुष हुक्मरानों के सामने रहम की गुहार लगा-लगाकर बिलखते रहे, लेकिन इन लोगों ने कोई दया नहीं दिखाई।

खबर में लिखा गया है कि हिंदुओं के घरों पर बुलडोजर चलने की दर्दनाक तसवीरें देखकर हर कोई दहल गया। यह घटना 20 मई की है।

बस्ती हिंदुओं और ईसाइयों की थी। बीस वर्ष से रह रहे इन अल्पसंख्यकों की जमीन को जबरन हड़पने की बदनीयत से इमरान के मंत्री ने उनके घरों पर बुलडोजर चलवाया था। हिंदुओं और ईसाइयों के इन घरों को तोड़ने का एक वीडियो भी वायरल हुआ है। वीडियो में कहा जा रहा है कि इमरान के करीबी चीमा के लोगों ने कोरोना वायरस के संकट के बीच लोगों को मारा है और उनके मकान नष्ट कर दिए हैं। सोशल मीडिया पर वायरल इस वीडियो में जो औरत धरने पर बैठी नजर आ रही है, वह बताती है कि वे लोग अब बिना छतों के घरों में रहने का मजबूर हैं और खाने-पीने की कोई सुविधा नहीं है। महिला बताती है कि वे लोग अब कोरोना वायरस से नहीं, बल्कि भूख और बिना घर के मर जाएँगे। 20 साल से हम लोग यहीं पर रह रहे थे और अचानक से अब कहा जा रहा है कि हम यहाँ गैर-कानूनी तरीके से रह रहे हैं।

हाल ही में इसी तरह की एक घटना पंजाब प्रांत के खानेवाल जिले के चक गाँव में भी घट चुकी है। वहाँ इमरान खान की पार्टी पाकिस्तान तहरीक-ए-इंसाफ के एक प्रभावशाली नेता, स्थानीय जमींदार जफर इकबाल नुनारी के इशारे पर ईसाई समुदाय के घरों और सौ साल से अधिक समय पुराने कब्रिस्तान को उजाड़ दिया गया। मीडिया में आई खबरों के अनुसार, नुनारी ने अकरम गुलाम हैदर, इकबाल गुलाम कादिर और अन्य समर्थकों के साथ ट्रैक्टर लेकर ईसाइयों के कब्रिस्तान में जबरन प्रवेश किया और उसे जोत दिया। जब मौके पर उपस्थित ईसाई समुदाय के लोगो ने इसका विरोध करने का प्रयास किया तो नुनारी और उसके समर्थकों ने बंदूक दिखाकर धमकाया और बुरा अंजाम भुगतने का भय दिखाकर उन्हें भगा दिया। अल्पसंख्यक समुदाय के लोग कभी कब्रिस्तान की तरफ नजर उठाकर देखने की भी हिमाकत न करें, इसलिए और अधिक भय पैदा करने के इरादे से नुनारी ने उनके कुछ घरों को भी तुड़वा दिया और उन घरों में रहनेवालों को बेघर करके उस इलाके से ही भगा दिया। अब ये लोग कहाँ भटक रहे होंगे, किसी को भी पता नहीं है। अगर ये लोग न्यायपालिका का दरवाजा भी खटखटाते हैं

तो इन्हें न्याय नहीं मिलनेवाला है, क्योंकि न्यायपालिका में भी इसी तरह की अल्पसंख्यक विरोधी मानसिकता के लोग भरे हुए हैं।

एक ताजा किस्सा 19 अगस्त, 2020 का है। पाकिस्तान के कराची के ल्यारी इलाके में एक बिल्डर, जो पठान मुसलमान है, ने स्थानीय प्रशासन की मिलीभगत से इमारत बनाने के लिए प्राचीन हनुमान मंदिर पर बुलडोजर चलवा दिया। मंदिर के पुजारी को पाँच दिन बाद इसका पता चला। पुजारी ने रोते हुए मीडिया में बयान दिया कि कोरोना वायरस की महामारी के समय में मंदिर-मसजिद सब बंद रखने का आदेश दिया गया था, इसलिए वह खामोश होकर बैठ गए, लेकिन अब उन्हें पता चला कि उनका मंदिर तोड़ दिया गया है। यह 80 साल पुराना मंदिर था। मंदिर की मूर्तियाँ गायब कर दी गईं। 'वॉयस ऑफ पाकिस्तान मायनॉरिटी' ने इसके वीडियो को ट्विटर पर डाला है, जिसे देखा जा सकता है। मंदिर के आसपास 20 हिंदू परिवार रहते थे, इनके भी घरों को तोड़ दिया गया। बिल्डर ने यहाँ के हिंदुओं को इलाका छोड़ने की धमकी दी।

'ऑल पाकिस्तान हिंदू राइट्स मूवमेंट' के सर्वेक्षण में यह बात सामने आई थी कि 1947 में पाकिस्तान के अस्तित्व में आने से पहले 428 मंदिर थे, लेकिन 1990 के दशक के बाद इनमें से 408 मंदिरों में खिलौनों की दुकानें, होटल, रेस्टोरेंट, सरकारी स्कूल और मदरसे आदि खोल दिए गए। इस सर्वेक्षण में दावा किया गया है कि पाकिस्तान सरकार ने अल्पसंख्यकों के पूजा-स्थलों की लगभग 1.35 लाख एकड़ जमीन 'इवैक्यूई प्रॉपर्टी ट्रस्ट बोर्ड' को लीज पर दे दी। सरकार ने इस ट्रस्ट का गठन ही इसलिए किया है कि अल्पसंख्यकों व विस्थापितों की जमीन को हड़पकर उसे ऐसी गतिविधियों के इस्तेमाल में लाया जा सके, जिससे कि मुसलमानों को फायदा मिले।

दुनिया में पाकिस्तान की धर्मनिरपेक्ष छवि को दिखाने के लिए इमरान खान ने वर्ष 2019 में 400 हिंदू मंदिरों के जीर्णोद्धार की बात कही थी। कराची में प्राचीन हनुमान मंदिर को तोड़े जाने की घटना ने इमरान सरकार

का असली चेहरा उजागर कर दिया। हिंदुओं और अन्य अल्पसंख्यकों के बारे में इमरान जो कहते हैं, उसका ठीक उलटा कर रहे हैं। नया पाकिस्तान बनाने का नारा देकर वह अपने कट्टरपंथी आकाओं के एजेंडे को पूरा करने में जुटे हुए हैं। यह बिल्कुल सच है कि इमरान खान बिना दाढ़ीवाला तालिबानी है।

□

सिंध को आजाद करो

अगर भारत का विभाजन एक ऐतिहासिक त्रासदी था तो सिंध को पाकिस्तान में मिलाने का फैसला उस त्रासदी का सबसे बड़ा शिकार है। जी हाँ, सिंध आज अपने दुर्भाग्य पर खून के आँसू बहा रहा है। सिंध के लोग पाकिस्तान से अलग होने के लिए तड़प रहे हैं, लेकिन दुःख इस बात का है कि हमारी आवाज को न तो भारत और न ही विश्व समुदाय गंभीरता से सुनने को तैयार है। सिंध, जहाँ हिंदू सभ्यता फली-फूली, आज इसलाम के नकली झंडाबरदारों के हाथों हिंदुओं के सबसे बड़े प्रताड़ना स्थल के रूप में तब्दील हो चुका है।

अपने धर्म और बहू-बेटियों की रक्षा के लिए सिंध के हिंदू भारत या दुनिया के अन्य देशों में पलायन करने को विवश हैं। सिंध की पीड़ा को समझने के लिए सबसे पहले मैं आपको देश विभाजन से जुड़ी भयंकर गलतियों और अंग्रेजों की साजिशों के बारे में बताना चाहता हूँ, फिर आपको सिंध के आंदोलन के इतिहास के बारे में संक्षेप में बताऊँगा और अंत में सिंध की आजादी के लिए चल रहे आंदोलन के बारे में बताऊँगा।

1947 में भारत का विभाजन धर्म के आधार पर हुआ था, लेकिन इसके बँटवारे का काम अंग्रेजों ने रेडक्लिफ नाम के जिस व्यक्ति को सौंपा था, उसे न तो भारत के इतिहास और न ही भूगोल की कोई जानकारी थी। इस बँटवारे के सहारे अंग्रेज हिंदुओं और मुसलमानों को लड़ाकर, पूरे इलाके में हिंसा और तबाही मचाकर अपना हित साधना चाहते थे, और अपने इस उद्देश्य में वे पूरी तरह सफल भी रहे।

जरा विचार कीजिए, अंग्रेजों ने बंगाल के विभाजन का विचार सबसे पहले 1902 में पेश किया था, तब जनता ने इसका पुरजोर विरोध किया था। उस समय पूरा पूर्वोत्तर, बांग्लादेश, पश्चिम बंगाल, बिहार, झारखंड और ओडिशा बंगाल प्रांत का हिस्सा थे। अंग्रेजों ने इस प्रस्ताव के विरुद्ध शुरू हुए जनांदोलन की अनदेखी करके 16 अक्तूबर, 1905 को बंगाल का बँटवारा कर दिया था, लेकिन प्रखर 'बंग-भंग आंदोलन' और जनता के विरोध को देखते हुए केवल 6 वर्ष के भीतर 1911 में अंग्रेजों को अपने इस निर्णय को वापस लेना पड़ा था।

अंग्रेजों ने 1911 में ही एक सोची-समझी रणनीति के तहत अपनी राजधानी को कलकत्ता से हटाकर दिल्ली में स्थापित कर लिया। इस बँटवारे के बारे में अंग्रेजों का तर्क था कि प्रशासनिक सुविधा के लिए ऐसा किया गया, लेकिन उनकी राजनीति का बारीकी से विश्लेषण करें तो यह साफ दिखाई देता है कि इसके पीछे उनके दो उद्देश्य थे। उनका पहला उद्देश्य यह था कि किसी भी तरीके से हिंदुओं और मुसलमानों को आपस में लड़ा दिया जाए। दूसरा उद्देश्य दीर्घकालिक था, जिसकी परिणति 1947 में भारत के बँटवारे के रूप में हुई।

तात्कालिक रूप से अंग्रेज भले ही इस आंदोलन के आगे झुकते हुए दिखे, लेकिन उन्होंने दूरगामी रणनीति के तहत अपने इस उद्देश्य को पूरा करने के लिए 'ऑल इंडिया मुसलिम लीग' नाम के संगठन की एक नई पौध का बीजारोपण 1906 में ही कर दिया था। अंग्रेजों की शह पर कांग्रेस के नेता मोहम्मद अली जिन्ना, आगा खाँ तृतीय, ढाका के नवाब ख्वाजा सलीमुल्ला और हकीम अजमल खान ने इस संगठन की स्थापना 30 दिसंबर, 1906 को ढाका में की थी, अलीगढ़ में इसका मुख्यालय खोला गया और देश के सभी राज्यों में इसकी शाखाएँ खोली गईं। इसका पहला अध्यक्ष सलीमुल्ला खाँ को बनाया गया था। आगा खाँ अंग्रेजों के पिट्ठू थे। अंग्रेजों ने उन्हें 'सर' की उपाधि दे रखी थी। बंगाल में हिंदुओं की राजनीतिक सक्रियता और हिंदू-मुसलिम एकता को तोड़ने के लिए अंग्रेजों ने यह नई चाल चली थी। उस

समय इस संगठन का मुख्य उद्देश्य भारतीय मुसलमानों के बीच अंग्रेजों के प्रति लगाव पैदा करना उनके राजनीतिक व अन्य हितों की रक्षा करना था। इनकी माँगों को स्वीकार करके 1919 में अंग्रेजों ने हिंदुओं और मुसलमानों के लिए अलग-अलग चुनाव व्यवस्था की शुरुआत भी कर दी थी। इसके बाद 14 अगस्त, 1947 को ऐतिहासिक खून-खराबे के साथ देश का जो बँटवारा हुआ, उसकी काली छाया आज भी इस भू-भाग पर प्रेत की तरह मँडरा रही है।

बताते चलें कि फरवरी 1947 लॉर्ड माउंटबेटन भारत के वायसराय बने थे, लेकिन उनसे पहले के वायसराय लॉर्ड वेवेल ने भारत के दो टुकड़े करने के लिए एक कच्ची सीमा रेखा खींच दी थी, जिससे कि स्पष्ट रूप से यह निर्धारित हो सके कि किस देश को कौन सा प्रदेश दिया जाए! जून 1947 में लॉर्ड वेवेल ने बंगाल और पंजाब के लिए बने दो सीमा आयोगों की अध्यक्षता के लिए सर सिरिल रेडक्लिफ को नियुक्त किया। इन दोनों आयोगों में भारतीय राष्ट्रीय कांग्रेस और मुस्लिम लीग के 2-2 प्रतिनिधियों को भी शामिल किया गया था और तय हुआ था कि विवाद की स्थिति में अंतिम निर्णय रेडक्लिफ का ही मान्य होगा।

रेडक्लिफ की अध्यक्षता में सीमा आयोग द्वारा भारत और पाकिस्तान के बीच महज छह महीने के भीतर सीमा खींच दी गई। रेडक्लिफ कानून का

जानकार था। उसे भारत के इतिहास, भूगोल, जनसांख्यिकी, सभ्यता और संस्कृति के बारे में कुछ भी पता नहीं था। वह पहले कभी भारत भी नहीं आया था। पं. जवाहरलाल नेहरू और मोहम्मद अली जिन्ना हर हाल में 15 अगस्त, 1947 को भारत से ब्रिटिश वापसी के साथ ही सीमा का निर्धारण कर दिए जाने की जिद पर अड़े हुए थे, जिसे रेडक्लिफ ने स्वीकार करते हुए आनन-फानन में ऐसी सीमा बनाई, जो ऐतिहासिक खून-खराबे का कारण तो बनी ही साथ ही कई ऐसी समस्याओं को भी छोड़ गई, जो आज भी हमारे लिए नासूर बने हुए हैं। अब इन नासूरों पर नश्तर चलाने का समय आ गया। हमारा सिंध भी एक ऐसा ही नासूर है।

बँटवारे के कई साल बाद वरिष्ठ पत्रकार कुलदीप नैयर ने ब्रिटेन में रेडक्लिफ से मुलाकात की थी। नैयर से रेडक्लिफ ने अपना अनुभव साझा करते हुए कहा था कि उन्हें सीमा रेखा बनाने के लिए मुश्किल से 10-11 दिन मिले थे। जरा सोचिए, केवल एक प्रांत बंगाल के विभाजन के लिए अंग्रेजों ने 3 साल का समय लगाया और मात्र 6 वर्ष में जनता के विरोध के बाद उन्हें अपना फैसला वापस लेना पड़ा था, लेकिन पूरे देश का बँटवारा करने में उन्होंने रेडक्लिफ को सिर्फ 11 दिन का समय दिया था। इस बँटवारे की विभीषिका का अंदाजा इसी बात से लगाया जा सकता है कि लगभग 14 करोड़ लोगों को अपना घर-बार छोड़ने को मजबूर होना पड़ा। तत्कालीन ब्रिटिश सरकार के अनुमान के मुताबिक लगभग 2 लाख लोग मारे गए, लेकिन कई लोगों का अनुमान है कि मरनेवालों की संख्या लगभग 2 करोड़ के आसपास रही होगी।

इसी मुलाकात के दौरान रेडक्लिफ ने कुलदीप नैयर को बताया था कि उस वक्त उन्होंने एक हवाई जहाज से देश का सर्वेक्षण किया। उनके पास जिलों के नक्शे भी नहीं थे। उन्होंने देखा कि लाहौर में हिंदुओं की संपत्ति अधिक है, लेकिन पाकिस्तान के पास कोई बड़ा शहर नहीं था, इसलिए लाहौर को पाकिस्तान में मिला दिया। बताते हैं कि बँटवारे के बाद रेडक्लिफ कभी भारत नहीं आए और जीवन भर इस बँटवारे के दौरान हुई हिंसा में मारे

गए मासूम लोगों की याद में खुद को आत्मग्लानि के साथ शर्मसार महसूस करते रहे।

बहरहाल, इस बँटवारे का किस्सा बताने के बाद हम मूल विषय सिंध की बात करते हैं। हमारे सिंध में हिंदू आबादी उस समय लगभग 73 प्रतिशत थी। रेडक्लिफ ने इसे भी पाकिस्तान को सौंप दिया। कहा जाता है कि देश के बँटवारे के समय सबसे अधिक खून-खराबा पंजाब और बंगाल में हुआ, लेकिन मेरा यह कहना है कि उस समय सिंध में जो खून-खराबा हुआ, वह कहीं अधिक है। पाकिस्तान की सत्ता और सेना में ऊँचे पदों पर बैठे कट्टरपंथी मुसलमानों ने यहाँ के हिंदुओं को धीरे-धीरे समाप्त करने का षड्यंत्र रचा है। उनके इस अत्याचार के खिलाफ सिंध में लगातार आवाज उठ रही है। सिंध को इस अत्याचार से मुक्ति दिलाने का एकमात्र यही रास्ता बचा है कि पाकिस्तान के चंगुल से उसे आजाद किया जाए।

वर्ष 2017 में भाजपा के संस्थापक व वरिष्ठ नेता लालकृष्ण आडवाणी ने सिंध को भारत का हिस्सा नहीं बनाए जाने पर दुःख प्रकट किया था। 'इंडिया फाउंडेशन' के कार्यक्रम में आडवाणीजी ने बांग्लादेश की प्रधानमंत्री शेख हसीना की मौजूदगी में यह बात कही थी। उन्होंने कहा था, 'भारत जब आजाद हुआ, हमारी आजादी के साथ वह हिस्सा हमसे अलग हो गया। जिस स्थान पर मेरा जन्म हुआ—सिंध-भारत का हिस्सा नहीं है, यह हमारे साथ नहीं है। उस हिस्से में रहनेवाले, मैं और मेरे दोस्त दुःखद महसूस करते हैं।' उन्होंने यह भी कहा था कि चूँकि बांग्लादेश की प्रधानमंत्री देश आई हैं तो मैंने अपनी पीड़ा बयान करने के बारे में सोचा। बता दें कि 2017 में ही उक्त बयान के पहले प्रजापिता ब्रह्मकुमारी के एक कार्यक्रम में एक बार आडवाणीजी सिंध के भारत का हिस्सा न होने पर अपने दुःख का इजहार कर चुके थे, तब उन्होंने कहा था कि 'कराची अब भारत का हिस्सा नहीं है और सिंध के बिना भारत अधूरा लगता है।'

लेकिन अफसोस है कि भारत इस बारे में चुप्पी साधे बैठा है, जबकि पाकिस्तान जम्मू-कश्मीर को आजाद कराने के नाम पर खुलेआम आतंकवाद को अपना हथियार बनाए हुए है। यह वही इलाका है, जहाँ से सनातन हिंदू सभ्यता पूरे भारत में फैली थी। सिंध का अपना एक समृद्ध इतिहास रहा है। पाकिस्तान बनने के बाद से ही इस इतिहास को समाप्त करने का प्रयास शुरू हो गया था, जो आज भी जारी है। सिंध प्रांत के समृद्ध इतिहास को बचाने के लिए भारत सरकार को हर तरह से प्रयास करना होगा। जो लोग सिंध को पाकिस्तान के चंगुल से मुक्त कराने के लिए आंदोलन कर रहे हैं, भारत सरकार को चाहिए कि अब उन्हें हर संभव सहायता उपलब्ध कराए। ऐसा करके सरकार आडवाणीजी की इच्छा को मूर्त रूप में बदल सकती है और भारत के राष्ट्रगान में 'सिंध' के उल्लेख का अर्थ भी पूरा होगा।

हम इतने वर्षों तक सिंध की समस्या का समाधान कश्मीर घाटी में तलाश रहे हैं, लेकिन इसका कोई ठोस परिणाम नहीं दिखा है। पाकिस्तान अभी भी घाटी में छद्म युद्ध छेड़े हुए है। सिंध को आजाद करने का मतलब यह है कि कराची शहर पाकिस्तान से टूटकर अलग हो जाएगा, जैसे मुंबई भारत की आर्थिक राजधानी है, ठीक उसी तरह कराची पाकिस्तान की आर्थिक राजधानी है। कश्मीर में पाकिस्तान द्वारा चलाई जा रही आतंकी गतिविधियों का सही

जवाब यही होगा कि सिंध प्रांत को पाकिस्तान से आजाद करा दिया जाए।

वास्तविकता यह है कि 'सिंध' नाम से भारत के हर व्यक्ति का दिल से जुड़ाव है। राष्ट्रगान की तीसरी पंक्ति में ही लिखा है—'पंजाब, सिंध, गुजरात, मराठा।' भारत के हर बच्चे को राष्ट्रगान याद रहता है। उसे तो यही लगता है कि सिंध भी भारत का हिस्सा है, लेकिन वही बच्चा जब थोड़ा समझदार हो जाता है, तब उसे यह जानकर अवश्य दुःख होता होगा कि हम अपने राष्ट्रगान में जिस सिंध को गाते हैं, वह तो पाकिस्तान के कब्जे में है।

जरा सोचिए, अगर राष्ट्रगान से सिंध को हटा दिया जाए तो इसका महत्त्व कैसा रहेगा? जाहिर है, पूरा राष्ट्रगान महत्त्वहीन हो जाएगा। इसी तरह भारत से सिंध को काटकर अंग्रेजों ने हमें आधी-अधूरी आजादी दी और अब भारत के हर व्यक्ति को इस तथ्य को समझ लेना चाहिए। सिंध और वहाँ की हिंदू संस्कृति को बचाने के लिए भारत से आवाज अवश्य उठनी चाहिए। आडवाणीजी ने अपने दिल का दर्द बयान कर दिया है। अब उसको पूरा करना हर भारतीय का कर्तव्य बन जाना चाहिए।

जरा विचार कीजिए, पाकिस्तान की कुल आबादी का लगभग 95 प्रतिशत हिंदू समाज सिंध प्रांत में रहता है। पाकिस्तान के निर्माण के बाद वहाँ की सत्ता और शासन-प्रशासन पर पंजाबी वर्ग का वर्चस्व स्थापित हो गया। इस वर्ग ने सिंध ही नहीं, बल्कि बलूचिस्तान और खैबर पख्तूनवा इलाके की भी घोर अनदेखी की है। 15 अगस्त, 2016 को प्रधानमंत्री नरेंद्र मोदी द्वारा लालकिले की प्राचीर से दिए गए अपने भाषण में बलूचिस्तान की दुर्दशा का जिक्र किया था। इसके बाद बलूचिस्तान में आजादी का आंदोलन तेज हो गया था। अंतरराष्ट्रीय मीडिया का ध्यान भी इस तरफ आकर्षित हुआ है। हमारी इच्छा है कि प्रधानमंत्री बलूचिस्तान की तरह ही सिंध के हिंदुओं की तकलीफों को भी अंतरराष्ट्रीय पटल पर उजागर करें। इससे सिंध प्रांत में जन-जागरण की एक नई बयार बहेगी और हम पाकिस्तान से अलग होने के अपने लक्ष्य को आसानी से हासिल कर सकेंगे।

हम आपको बता दें कि सिंध को आजाद करने का आंदोलन पिछले 47

वर्षों से जारी है। सिंध प्रांत की अपनी अलग सभ्यता, संस्कृति, भाषा और परंपरा रही है। यह पाकिस्तान के निर्माण की मूल अवधारणा के बिल्कुल विपरीत है। कट्टरपंथी पाकिस्तानी सत्ताधीशों ने जिस तरह से बांग्लाभाषी पूर्वी पाकिस्तान में उर्दू भाषा को जबरन थोपकर बंगाली भाषा को समाप्त करने का असफल प्रयास किया था, वह इतिहास में दर्ज है। इसका परिणाम यह हुआ कि 1971 में पूर्वी पाकिस्तान अलग होकर बांग्लादेश बन गया। भारत ने बांग्लादेश के निर्माण में सक्रिय भूमिका निभाई थी। अमेरिका के विरोध के बावजूद भारत ने बांग्लादेश को आजाद कराया था।

आज के हालात 1971 की तुलना में काफी बेहतर हैं। अमेरिका और भारत के बीच हर क्षेत्र में प्रगाढ़ रणनीतिक भागीदारी है। आज हमारे लिए परिस्थितियाँ 1971 की अपेक्षा अधिक अनुकूल हैं। पाकिस्तान की आर्थिक स्थिति भी इस समय डाँवाँडोल है। उसके सदाबहार साथी संयुक्त अरब अमीरात और अरब भी इसे दूर हो चुके हैं। चीन भी इस मामले में भारत से दुश्मनी मोल लेने की स्थिति में नहीं है, क्योंकि तमाम तनावों के बावजूद उसे भारत के विशाल बाजार की जरूरत है। ईरान के साथ पाकिस्तान के संबंध खराब ही हैं। ऐसे माहौल में भारत को सिंध की आजादी के आंदोलन को अपना हरसंभव सहयोग देना ही चाहिए।

हमारे जीवन का एक बड़ा समय सिंध प्रांत में ही बीता है। हम इसे अपने 'पुरखों का वतन' मानते हैं। किसी को भी अपना वतन छोड़ना अच्छा नहीं लगता है। हमने किन मजबूरियों में सिंध को छोड़ा, वह किस्सा आप पहले ही सुन चुके हैं। सिंध को आजाद करने के लिए वहाँ क्या चल रहा है और पाकिस्तान की सरकार उसे किस तरह कुचलने में जुटी है, इस बात को हमसे अच्छी तरह कोई नहीं समझ सकता है। मुहाजिर नेता अल्ताफ हुसैन के नेतृत्व में सिंधुदेश का 'मुत्ताहिदा कौमी आंदोलन' कई वर्षों से चल रहा है। पाकिस्तान की सेना इस आंदोलन को कुचलने के लिए पूरी ताकत से लगी हुई है। सेना की प्रताड़ना से बचने के लिए अल्ताफ हुसैन पिछले कई साल से इंग्लैंड में निर्वासित जीवन जीने को मजबूर हैं। पाकिस्तान की सेना ने

सिंध के अहिंसक आजादी के आंदोलन को बंदूक के सहारे दबा रखा है। कई बार निहत्थे आंदोलकारियों पर गोलियाँ बरसाई गईं, तोप चलाई गईं और उसे मीडिया में भी नहीं आने दिया गया।

हम पाकिस्तान के क्रूर शासकों को यह बताना चाहते हैं कि आजाद सिंध का आंदोलन इतना भी कमजोर नहीं है कि इसको वहाँ की सत्ता में बैठे लोग सेना के सहारे कुचलकर पूरी तरह नष्ट कर सकें। हमने अलग सिंधुदेश का राष्ट्रगान बना रखा है। हमारा अपना आजाद सिंध का झंडा भी बना हुआ है। हम पाकिस्तान के साथ किसी भी हालत में नहीं रहना चाहते हैं। हमारे पूर्वजों ने भी धर्म के आधार पर बने पाकिस्तान को कभी दिल से अपना देश नहीं माना था। जिन्ना ने इसी आधार पर पाकिस्तान का निर्माण कराया था कि मुसलमान हिंदुओं से अलग कौम है और वे हिंदुओं के साथ नहीं रह सकते हैं; फिर किस आधार पर रेडक्लिफ ने हमारे सिंध को पाकिस्तान का हिस्सा बनाया?

मैं रेडक्लिफ से ज्यादा सिंध के साथ हुए अन्याय के लिए कांग्रेस के नेताओं महात्मा गांधी और पं. जवाहरलाल नेहरू को अधिक जिम्मेदार मानता हूँ। मुझे आश्चर्य होता है कि जब धर्म के आधार पर देश के दो

टुकड़े करने के लिए ये लोग राजी हो गए थे तो किस आधार पर हिंदू बहुल सिंध देश को पाकिस्तान के हवाले करने के लिए अपनी रजामंदी दी। यह एक ऐसा सवाल है, जिसका जवाब आज भी सिंध के लोगों को नहीं मिल पाया है।

पाकिस्तान बड़ी बेशर्मी से बार-बार जम्मू-कश्मीर में जनमत संग्रह का बेसुरा राग अलापता है, जबकि जम्मू कश्मीर में 1948 के बाद से ही हर 6 वर्ष बाद चुनाव होते आए हैं। वहाँ की सरकार को लोग अपनी मरजी से बदल सकते हैं, लेकिन सिंध की जनता पाँच दशक से भी अधिक समय तक जनमत संग्रह की माँग कर रही है और पाकिस्तान की सरकार इस पर चुप है। उसे कश्मीर के लोगों की इतनी चिंता है तो सिंध के लोगों का क्या कसूर है? वास्तविकता यही है कि न तो सिंध के लोगों ने कभी पाकिस्तान को अपना माना और न ही पाकिस्तान की पंजाबी बहुल सरकारों और वहाँ की सेना ने सिंध को अपना माना। सिंध के प्रति इनका हमेशा से सौतेला व्यवहार रहा है।

आगे मैं आपको थोड़ा सिंध की आजादी के आंदोलन के इतिहास के बारे में बताना चाहता हूँ। यह इतिहास काफी रोचक है। इसे समझकर आपको पाकिस्तान के असली चेहरे का पता लग जाएगा। गुलाम मुर्तजा शाह सैयद का नाम आज की पीढ़ी को पता नहीं होगा। उनका जन्म सिंध प्रांत में वर्ष 1904 में हुआ था। वह बाद में चलकर सिंध के बहुत बड़े नेता बने। जब देश के बँटवारे की बात शुरू हुई तो उन्होंने ही 1943 में सिंध विधानसभा में सिंध प्रांत को पाकिस्तान का हिस्सा बनाने के लिए संवैधानिक संकल्प पारित करवाने में अहम भूमिका निभाई थी। उन्होंने मात्र 16 वर्ष की आयु में अपनी राजनीति शुरू कर दी थी।

जी.एम. शाह सैयद सिंध के ऐसे पहले नेता थे, जिन्होंने अपने कस्बे 'सान' में 'खिलाफत सम्मेलन' का आयोजन किया था। उन्होंने ही मुसलिम लीग के नेता मोहम्मद अली जिन्ना के दो राष्ट्र के सिद्धांत का समर्थन करते हुए इसलामिक पाकिस्तान के निर्माण का नारा बुलंद किया था। वह पहले

कांग्रेस में थे, लेकिन सिंध को बॉम्बे प्रेसीडेंसी से अलग किए जाने के विरोध में कांग्रेस के रवैए से नाराज होकर वह जिन्ना के साथ जुड़ गए। उन्होंने हिंदुओं के विरुद्ध हिंसक आंदोलन को हवा देने में सक्रिय भूमिका निभाई। सिंध के इतिहास में कुख्यात मंजिलगाह घटना को अंजाम देकर उन्होंने सिंध को हिंदू-मुसलिम में बाँट दिया। इस घटना ने मुसलिम लीग को सिंध में पैठ बनाने का रास्ता खोला। मंजिलगाह के नजदीक हिंदुओं और सिखों की सामूहिक आस्था से जुड़े मंदिर सिंधु बेला मंदिर के पुजारी की हत्या में भरचंडी दरगाह के ही पीर का हाथ था। यह घटना 1939 की है।

उस वक्त गुलाम मुर्तजा शाह सैयद सिंध को पूरी तरह हिंदूविहीन करना चाहते थे। उस समय वह कहा करते थे कि जिस तरह से यहूदियों को जर्मनी से बाहर किया गया, उसी तरह हिंदुओं को सिंध से बाहर कर देना चाहिए; लेकिन जैसे ही पाकिस्तान बना, महज चंद महीनों के भीतर ही 1948 में सबसे पहले उन्हें ही बतौर प्रथम राजनीतिक कैदी जेल में डाल दिया गया। इसके बाद उन्होंने सिंधुदेश को आजाद कराने के लिए सूफीवाद को अपना हथियार बनाया। पाकिस्तान की सिंध विरोधी नीतियों के विरुद्ध संघर्ष करते हुए उनका लगभग 30 साल का जीवन जेल और घर पर नजरबंदी में बीता। उन्होंने 1971 में 'जीयै सिंध मुत्ताहिदा महाज' नाम से एक सिंधी राष्ट्रवादी दल गठित किया था। यह वही साल था, जब पाकिस्तान से टूटकर बांग्लादेश एक अलग राष्ट्र बन चुका था। इसका मूल उद्देश्य सिंध को आजाद कराना था, लेकिन सिंध की आजादी के अधूरे सपने के साथ कराची में 26 अप्रैल, 1995 को उनकी मृत्यु हो गई।

गुलाम मुर्तजा शाह सैयद की मृत्यु के बाद अलग नामों से सिंध की आजादी का आंदोलन आगे बढ़ाया जा रहा है। 1995 में ही 'जीये सिंध कौमी महाज' नाम से एक संघटन बनाया गया। महज 5 साल में इसमें भी विभाजन हो गया और 'जीये सिंध मुत्ताहिदा महाज' का पुनर्गठन किया गया। शफी मोहम्मद बरफात इसके अध्यक्ष हैं और पिछले 24 वर्षों से पाकिस्तान से बाहर किसी गोपनीय जगह पर निर्वासित जीवन जी रहे हैं। कुछ वर्ष पहले

पाकिस्तान के प्रतिष्ठित अंग्रेजी दैनिक 'द डॉन' में छपी एक खबर के मुताबिक उन्हें संयुक्त राष्ट्र मानवाधिकार आयोग के एक कार्यक्रम में देखा गया था। यह भी कहा जाता है कि वह काबुल में रहते हैं।

पाकिस्तान की सरकार ने इस संगठन को आतंकी संगठन घोषित कर रखा है। 'सिंधुदेश लिबरेशन आर्मी' नाम का एक और संगठन सिंध की आजादी के लिए संघर्ष कर रहा है। 2010 में यह संगठन उस समय चर्चा में आया, जब उसने पाकिस्तान के हैदराबाद में एक रेलवे ट्रैक पर हुए बम धमाके की जिम्मेदारी अपने ऊपर ली थी। पाकिस्तान इस संगठन के पीछे भी शफी मोहम्मद बरफात को जिम्मेदार मानता है।

अमेरिका और कनाडा में सिंध की आजादी के लिए संघर्ष करनेवाले कई संगठनों के लोग सक्रिय हैं। अमेरिका के न्यूयॉर्क में तो हर वर्ष सिंध की आजादी के लिए गुलाम मुर्तजा शाह सैयद की जयंती पर कार्यक्रम का आयोजन भी किया जाता है, लेकिन हमें यह देखकर दुःख होता है कि भारत में कहीं पर भी इस तरह का कोई कार्यक्रम नहीं होता है। आज जरूरत है कि सिंध को आजाद कराने के लिए भारत की जनता के बीच सिंध के बारे जानकारी को जोर-शोर से प्रचारित-प्रसारित किया जाए। भारत में सिंधी समाज की बहुत बड़ी आबादी कई राज्यों में निवास करती है और अपनी सभ्यता-संस्कृति को बचाने के लिए भरपूर प्रयास कर रही है। जरूरत है इन लोगों को भी एक मंच पर लाकर सिंध की आजादी को परवान चढ़ाया जाए।

मैं 'बलूचिस्तान लिबरेशन फ्रंट' के नेता डॉ. अल्लाह नजर बलोच को बिल्कुल सही मानता हूँ कि अगर सिंधियों को अपने वजूद की हिफाजत करनी है तो उसे पाकिस्तान से आजाद होने के लिए हथियारबंद आंदोलन करना पड़ेगा। यह अफसोस की बात है कि बलूचिस्तान और सिंध जैसी प्राचीन सभ्यताओं को एक ऐसे मुल्क ने बंधक बना रखा है, जिसकी खुद की न कोई सभ्यता है और न संस्कृति। लोकतंत्र की आड़ में फौजी हुकूमतों ने दुनिया भर में जो किया, आज वही पाकिस्तान में भी हो रहा है। आज सिंध

इतिहास के सबसे बुरे दौर से गुजर रहा है। उसे वह हर तरीका अपनाना होगा, जो उसे आजादी दिला सके।

मैं सिंध की आजादी के लिए संघर्ष कर रहे सभी लोगों को बताना चाहता हूँ कि डॉ. अल्लाह नजर बलोच ने सिंध के लोगों से यह अपील गुलाम मुर्तजा शाह सैयद की जयंती पर की है। सिंध की तारीख में जी.एम. सैयद को बड़ी इज्जत से देखा जाता है। शुरू में पाकिस्तान के समर्थक रहे जी.एम. सैयद को आखिरकार इस बात का अहसास हो गया था कि सिंध की सभ्यता और संस्कृति की रक्षा पाकिस्तान के साथ रहकर नहीं की जा सकती और इसके लिए सिंध को पाकिस्तान से आजाद होना पड़ेगा। इसी मंशा के साथ उन्होंने 'जीये सिंध मुत्ताहिदा महाज' नाम की सिंधी राष्ट्रवादी पार्टी बनाई थी। उन्होंने एक आजाद सिंधुदेश की कल्पना की और इसके लिए आजीवन काम करते रहे।

डॉ. अल्लाह नजर बलोच ने इस बात पर दिली अफसोस जाहिर किया है कि हजारों साल पुरानी सभ्यताओं पर कैसे एक ऐसे मुल्क ने ताकत के बल पर कब्जा कर रखा है, जिसकी अपनी कोई सभ्यता नहीं, कोई संस्कृति नहीं, कोई राष्ट्रीयता नहीं। सिंध के पास मोहनजोदड़ो और बलूचिस्तान के पास मेहरगढ़ की बेहतरीन सभ्यताओं की विरासत है। सिंध के लोगों को अपनी विरासत और रवायतों को याद रखना चाहिए। सूफी परंपराओं को पालने-पोसने वाली यह सभ्यता पास-पड़ोस समेत पूरी दुनिया के साथ मिल-जुलकर रहनेवाली है, मानवतावादी है, लेकिन यह महान् देश आज एक ऐसी हुकूमत के जुल्मों को सह रहा है, जिसने ताकत के बूते उसपर कब्जा कर रखा है; लेकिन क्या नेक होना कमजोरी है? हर इनसान को इनसान समझने वाली और हर इनसान में परवरदिगार का अक्स देखनेवाली रवायतों पर चलना गुनाह है? शर्तिया नहीं।

पाकिस्तान वे सारे हथकंडे अपना रहा है, जिससे सिंधियों की पहचान पूरी तरह नष्ट हो जाए। इसे बचाने के लिए सिंध को उठना होगा। सिंध के लोगों को एकजुट होकर पाकिस्तान को बताना होगा कि जिस सभ्यता ने उसे मानवता का पाठ पढ़ाया है, उसे सुरक्षित रखने के लिए वे लोग कुछ भी कर सकते हैं, हथियार भी उठा सकता है। अल्लाह नजर बलोच कहते हैं कि इसके लिए सिंधियों को जी.एम. सैयद के सिद्धांतों और उनके दिखाए रास्ते पर चलना होगा। जी.एम. सैयद ने सिंध के राष्ट्रवाद को आधुनिक नजरिए से देखा था और इसी आधार पर सिंधुदेश की आजादी के आंदोलन की बुनियाद तैयार की थी। सिंध के लोग आजाद सिंधुदेश की उनकी ख्वाहिश को पूरा करके ही अपना और अपनी आनेवाली नस्लों का भला कर सकते हैं।

बलूचिस्तान में भी सिंध जैसे हालात हैं और यहाँ पर भी आजादी के लिए लोग सशस्त्र संघर्ष कर रहे हैं। इनमें से कई नेता सिंध की आजादी के समर्थन में खुले आम आवाज उठा रहे हैं। यह सही है कि सिंध के लोगों ने फौज का वह वहशी जुल्म नहीं देखा है, जो बलूचिस्तान की जनता देख रही

है, लेकिन सिंध की जनता को एक सोची-समझी साजिश के तहत तिल-तिल मरने को मजबूर किया जा रहा है। पाकिस्तान में सबसे ज्यादा राजस्व सिंध से ही जाता है, लेकिन विकास केवल पंजाब का हो रहा है। यह अत्याचार नहीं तो और क्या है ?

सिंध जैसी एक बेहतरीन तारीखी सभ्यता पर कमअक्ल, बेगैरत लोग हुकूमत करें, उनपर जुल्म करें, उनकी सभ्यता, उनकी संस्कृति, उनके रीति-रिवाज और परंपराओं को खत्म करने की तमाम कोशिशें करें, तो ऐसे माहौल में हथियारबंद संघर्ष करना कोई गलत बात नहीं है। आज हम सिंध में अपने अस्तित्व की लड़ाई लड़ रहे हैं। आज सिंध में कमोबेश बलूचिस्तान जैसे हालात तो हो ही गए हैं। पाकिस्तान और उसकी फौज सिंध के लोगों का बेदर्दी के साथ खून बहा रही है। टॉर्चर सेल में जिस तरह हजारों बलूचों पर तरह-तरह के जुल्म ढाए जा रहे हैं, उन्हें मार दिया जा रहा है, वैसा ही तो सिंध के लोगों के साथ भी हो रहा है। बलूचिस्तान में भी फौज लोगों को लापता करके शहीद कर रही है, सिंध में भी कर रही है। बलूचिस्तान में भी वे प्राकृतिक संसाधनों की लूट कर रहे हैं, सिंध में भी कर रहे हैं। दरअसल, आज के समय में बलोच, सिंधी और पश्तून तीनों की ही पहचान खतरे में है।

किसी भी कौम को जिंदा रखने के लिए उसकी ऐतिहासिक पहचान और उसकी सभ्यता-संस्कृति को सुरक्षित रखना आवश्यक होता है, लेकिन पाकिस्तान में इसे शुरू से ही खत्म करने की परंपरा रही है। डॉ. अल्लाह नजर बलोच के मुताबिक, "हम एक ऐसे मुल्क के गुलाम हैं, जिसने बंगालियों का नरसंहार किया, और नतीजा यह हुआ कि वह हिस्सा उनके हाथ से जाता रहा। अब वे वही सब बलूचों और सिंधियों के साथ कर रहे हैं। अगर हमने उन्हें नहीं रोका तो हमरी नस्लें खत्म हो जाएँगी। किसी जुल्मी हुकूमत से निजात पाने का हक बलूचों को है और सिंधियों को भी।

इसमें शक नहीं कि हथियार उठाकर आजादी की लड़ाई लड़ने का फैसला करना एक मुश्किल काम होता है, लेकिन जब दुश्मन वहशी हो, हर

तरह का जुल्म कर रहा हो तो इस तरह का फैसला लेना समय की जरूरत होती है और सिंध के लोगों को जी.एम. सैयद की आजाद सिंधुदेश की ख्वाहिश को पूरा करने के लिए हाथों में हथियार ले लेना चाहिए। इसके अलावा कोई रास्ता नहीं। सिंध के लोग भी उस जगह पर पहुँच गए हैं, जहाँ से दो ही रास्ते निकलते हैं—एक, पाकिस्तान में रहकर अपनी हैसियत को मिटा देना और दूसरा, उससे आजादी पाकर खुद को, आनेवाली नस्लों को बचा लेना। बलोच का कहना है कि यह बात भले ही अजीब लगे, लेकिन यही सच है कि मानवता को बचाने के लिए भी हथियार उठाना पड़ता है और आज अगर बलूचिस्तान में हथियारबंद आंदोलन के हामी लोगों की तादाद बढ़ती जा रही है, सिंध में भी लोग इसी ओर बढ़ रहे हैं तो इसमें गलत क्या? अगर हथियार उठानेवाले सभी दहशतगर्द होते तो डॉ. अल्लाह नजर बलोच के अल्फाज में, 'फिर तो अमेरिका को आजादी दिलानेवाले जॉर्ज वाशिंगटन भी दहशतगर्द ही होते।'

मैं भारत सरकार से हाथ जोड़कर प्रार्थना करता हूँ कि वह सिंध को बचाने के लिए उसी तरह आगे आए, जिस तरह उसने 1971 में बांग्लादेशियों

को बचाने के लिए सक्रिय भूमिका निभाई थी। सरकार 1971 की तरह उस दिन का इंतजार न करे, जब पाकिस्तान के अत्याचार की वजह से बांग्लादेश की तरह सिंध से भी शरणार्थियों का सैलाब उमड़ने लगेगा, तब वह काररवाई करेगी। जितने भी संगठन इस समय पाकिस्तान से सिंध को आजाद कराने के लिए संघर्ष कर रहे हैं, उनको भारत में बुलाकर एक अंतरराष्ट्रीय सम्मेलन करने की दिशा में अब ठोस पहल करनी चाहिए।

मुझे पूरा विश्वास है कि अगर भारत दिल से हमारा साथ दे तो हम सिंधं को बहुत कम समय में ही आजाद करा लेंगे। पाकिस्तान की सत्ता के अत्याचार से बचाकर ही हमारी पुरखों की परंपराओं, संस्कृति व सभ्यता को बचाया जा सकता है। सिंध की आजादी भाजपा के संस्थापक व वरिष्ठ नेता लालकृष्ण आडवाणीजी को एक अनमोल तोहफा होगी। इससे भारत की सुरक्षा भी पुख्ता होगी। पाकिस्तान जो गलत अवधारणा बना है, वह अवधारणा एक बार फिर से खंडित होगी और सर्वधर्म समभाव की सनातन भारतीय अवधारणा मजबूत होगी।

□

पाकिस्तानी हिंदुओं के लिए रामबाण है सीएए और एनआरसी

पाकिस्तान से आए हिंदू शरणार्थी भारत के कई राज्यों में बसे हुए हैं। जहाँ तक देश की राजधानी दिल्ली की बात है, यहाँ के मजलिस पार्क, मजनूँ का टीला, रोहिणी सेक्टर-11, प्रह्लाद नगर, आदर्श नगर, गोपालपुर और सिग्नेचर ब्रिज के आसपास झुग्गी-झोंपड़ी में रह रहे हैं। मजलिस पार्क जैसे हमारे इलाके को छोड़ दिया जाए तो अधिकतर क्षेत्रों में बसे पाकिस्तानी हिंदू शरणार्थी बुनियादी सुविधाओं से महरूम हैं। उन्हें शौचालय और बिजली-पानी ही नहीं, बल्कि शिक्षा और रोजगार के मोरचे पर समस्याओं का सामना करना पड़ रहा है।

फरवरी 2020 में दिल्ली के विधानसभा चुनाव के दौरान भाजपा ने नागरिकता संशोधन कानून का मुद्दा जोर-शोर से उठाया था, हालाँकि इस चुनाव में भाजपा को सत्ता नहीं मिली, लेकिन यह कहने में हमें कोई गुरेज नहीं है कि भाजपा की वजह से पाकिस्तानी हिंदू शरणार्थियों की तरफ भारत के अन्य राजनीतिक दलों और विश्व समुदाय का ध्यान आकर्षित हुआ। हमें इसका फायदा मिला। इस कानून के आने के बाद पाकिस्तान से आए शरणार्थियों की जिंदगी में उम्मीद की नई किरण जगी है। हमें जरा सी भी आशंका नहीं है कि भारत में फिलहाल भाजपा ही एकमात्र ऐसा राजनीति दल है, जिसे पाकिस्तानी अल्पसंख्यक समाज की चिंता है। भाजपा भले ही

दिल्ली राज्य की सत्ता में नहीं आई, लेकिन केंद्र की सत्ता में उसी का शासन है। इसकी वजह से नागरिकता संशोधन कानून संसद् के दोनों सदनों से पारित हो चुका है और अब इसे लागू किया जा रहा है।

हमें इस बात की बेहद खुशी है कि भारत में रह रहे पाकिस्तानी शरणार्थियों को नागरिकता देने की प्रक्रिया शुरू कर दी गई है। हमारे लिए स्कूल खोले जा रहे हैं। हमें बुनियादी सुविधाएँ मुहैया कराई जा रही हैं। विभिन्न हिंदूवादी संगठनों जैसे राष्ट्रीय स्वयंसेवक संघ, विश्व हिंदू परिषद्, बजरंग दल, एकल विद्यालय अभियान संगठन के अलावा सरकार की तरफ से भी हमारे जीवन स्तर को ऊपर उठाने के लिए काम किया जा रहा है। दिल्ली सरकार ने हमारी समस्याओं पर उतना ध्यान नहीं दिया है, जितने कि हमें उम्मीद थी, हालाँकि हमारे बच्चों के लिए दो साल पहले आँगनबाड़ी की शुरुआत कर दी गई है। हमारे बच्चे इन आँगनबाड़ी में जाकर पढ़ रहे हैं और उन्हें खाने के लिए पौष्टिक आहार भी दिया जा रहा है। हम चाहते हैं कि दिल्ली में ऐसी सरकार आए, जो हमारी सभी समस्याओं का समाधान कर सके।

हम आपको बता दें कि दिल्ली विधानसभा चुनाव के दौरान भाजपा ने जिस तरह से पाकिस्तानी शरणार्थियों का मुद्दा उठाया और नागरिकता संशोधन कानून बनाया है, उसकी गूँज पाकिस्तान में भी सुनी जा रही है, हालाँकि इस चुनाव के दौरान भाजपा की वजह से हम जैसे शरणार्थियों को काफी फायदा पहुँचा है, लेकिन पाकिस्तान के बहुसंख्यक समाज के लोग इसे भाजपा की विभाजनकारी राजनीति के रूप में देख रहे हैं। उनकी नजर में दिल्ली की जनता ने भाजपा की राजनीति को खारिज कर दिया है। मैं कहना चाहूँगा कि यह पाकिस्तानियों की बहुत बड़ी भूल है। धर्म के नशे में डूबे इस समाज को सच और झूठ में कोई फर्क नहीं दिखाई दे रहा है। पाकिस्तानी मीडिया किस मुँह से भारत के धर्मनिरपेक्ष चरित्र और यहाँ के अल्पसंख्यक मुसलमानों पर अत्याचार की झूठी बात प्रचारित कर रहा है, यह हमारी समझ में नहीं आ रहा है। वास्तविकता यह है कि 2020 के विधानसभा चुनाव

से पहले भाजपा को केवल तीन सीटें मिली थीं, लेकिन 2020 के चुनाव में उसकी सीटें बढ़कर आठ हो गई हैं, यह हमारे लिए उम्मीद की बहुत महत्त्वपूर्ण किरण है।

चुनाव के दौरान आम आदमी पार्टी के नेता जहाँ मुसलिम तुष्टीकरण की राजनीति के सहारे हिंदू समाज की एकजुटता को तोड़ने का पुरजोर तरीके से प्रयास कर रहे थे, वहीं भाजपा के नेता पूरी निष्ठा के साथ, हार-जीत की परवाह किए बगैर, पाकिस्तानी हिंदू शरणार्थियों के मुद्दे पर चुनाव प्रचार में जुटे हुए थे। एक समय ऐसा भी आया, जब आम आदमी पार्टी के रणनीतिकारों को यह भय सताने लगा कि उनकी विभाजनकारी राजनीति कहीं परास्त न हो जाए! ऐसे में मजबूर होकर इस पार्टी ने हनुमानजी का सहारा लिया। आम आदमी पार्टी के कार्यकर्ताओं को हनुमान चालीसा का पाठ करते हुए देखा गया और पार्टी के नेता अरविंद केजरीवाल ने स्वयं दिल्ली के सबसे प्राचीन हनुमान मंदिर में जाकर माथा टेका। हम इसे भाजपा के एजेंडे की सबसे बड़ी जीत के रूप में देखते हैं। सत्ता की राजनीति तो चलती रहती है, लेकिन सिद्धांतों पर अटल रहना और हार-जीत की परवाह किए बगैर उसके लिए काम करना बहुत बड़ी बात है। यह भाजपा के दबाव का ही असर है कि मुसलिम तुष्टीकरण करनेवाले राजनीतिक दल भी हिंदुत्व

की राष्ट्रवादी राजनीति के रास्ते पर आने को मजबूर हुए हैं। हमें पूरा विश्वास है कि आनेवाले समय में भारत में हमारा भविष्य सुरक्षित है और यही वो जगह है, जहाँ हमारी आनेवाली पीढ़ियाँ पुष्पित-पल्लवित होंगी।

चुनाव के दौरान हम सबने देखा कि जब भाजपा के लोग 'जय श्रीराम' का नारा लगाते थे तो आम आदमी पार्टी की तरफ से 'जय बजरंग बली' कहा जाता था। राम और बजरंगबली हमारी सनातन संस्कृति के ऐसे देवता हैं, जो हमें जीने की प्रेरणा देते हैं और हमें धर्म के मार्ग पर चलने का रास्ता दिखाते हैं। हमें पाकिस्तान में अपने देवताओं की पूजा करने से रोका जाता था, लेकिन इन्हीं देवताओं ने हमें अपने धर्म पर अडिग रहने की ताकत दी और आज हमें अपना उज्ज्वल भविष्य साफ दिखाई दे रहा है।

चुनाव के दौरान केंद्रीय मंत्रियों डॉ. हर्षवर्धन और प्रकाश जावड़ेकर ने नागरिक संशोधन कानून और पाकिस्तानी हिंदू शरणार्थियों का मुद्दा जोर-शोर से उठाया था। फरवरी 2020 में चुनाव प्रचार के दौरान डॉ. हर्षवर्धन ने भाजपा के प्रदेश मुख्यालय से नागरिकता संशोधन अधिनियम के समर्थन में कार्यकर्ताओं की बाइक रैली को हरी झंडी दिखाई थी। उनके निर्देश पर इस रैली के जरिए भाजपा कार्यकर्ताओं ने घर-घर जाकर नागरिकता कानून को लेकर लोगों को जागरूक करने का काम किया था। मेरी नजर में यह कानून अपने आप में ऐतिहासिक है। इसकी पृष्ठभूमि आजादी के बाद 'नेहरू-लियाकत समझौते' में छिपी हुई थी। इस समझौते के मुताबिक, दोनों देशों ने सहमति जाहिर की थी कि वे अपने-अपने देशों में रह रहे अल्पसंख्यकों की सुरक्षा सुनिश्चित करेंगे।

भारत ने इस समझौते का अक्षरशः पालन किया। इसकी वजह से भारत में अल्पसंख्यक मुसलिम समाज की आबादी बढ़ी। 2011 की जनगणना इसका प्रत्यक्ष प्रमाण है, लेकिन मुझे दुःख के साथ कहना पड़ रहा है कि पाकिस्तान ने इस समझौते को रद्दी की टोकरी में फेंक दिया। जब भारत का बँटवारा हुआ था तो उस समय पाकिस्तान के दलित हिंदू भारत आना चाहते थे, लेकिन लियाकत अली ने जान-बूझकर यह कहते हुए उन्हें भारत

आने से रोक दिया कि 'ये लोग चले जाएँगे तो हमारी सड़कों पर झाड़ू कौन लगाएगा?'

दिल्ली विधानसभा चुनाव 2020 के दौरान प्रकाश जावड़ेकर भाजपा की तरफ से प्रभारी बनाए गए थे। उन्होंने नागरिकता संशोधन कानून के खिलाफ अन्य गैर-भाजपाई दलों जैसे आम आदमी पार्टी, कांग्रेस व कई मुसलिम संगठनों के सहयोग से शाहीन बाग में चलाए गए आंदोलन की कड़े शब्दों में आलोचना की थी। जावड़ेकर ने आम आदमी पार्टी और कांग्रेस को घेरते हुए साफ-साफ कहा था कि शांतिपूर्ण दिल्ली में गलत सूचनाओं के बहाने माहौल बिगाड़ा गया। इस दौरान सार्वजनिक संपत्ति को नुकसान पहुँचाया गया। उन्होंने इस राष्ट्रद्रोही कृत्य के लिए दोनों दलों को सीधे-सीधे जिम्मेदार ठहराते हुए इनसे जनता से माफी माँगने की माँग की थी।

इनकी तिलमिलाहट का अंदाजा इसी बात से लगाया जा सकता है कि जब सरकार ने इनके आंदोलन की अनदेखी की तो 3 दिसंबर, 2019 को इन लोगों ने दक्षिण दिल्ली इलाके में हिंसक प्रदर्शन किया, जिसमें कई वाहनों

को आग लगा दी गई। इस हिंसा में पुलिसकर्मियों के साथ आम नागरिक भी घायल हुए थे। हालात पर काबू पाने के लिए दिल्ली पुलिस को जामिया मिल्लिया इसलामिया विश्वविद्यालय के बाहर लाठीचार्ज तक करना पड़ा था। जावड़ेकर ने बिल्कुल सही कहा कि यह लड़ाई सच और झूठ के बीच, विनाश और विकास तथा राष्ट्रवाद और अराजकतावाद के बीच है।

शाहीनबाग का आंदोलन पूरी तरह झूठ पर आधारित था। यह देखकर बेहद दुःख हुआ कि इन लोगों ने इस कानून को हथियार बनाकर यहाँ के अल्पसंख्यक मुसलिम समुदाय को बहकाने का ऐसा प्रयास किया कि शाहीनबाग की आग देश के कई इलाकों में भड़कने लगी। उत्तर प्रदेश, पश्चिम बंगाल, महाराष्ट्र और राजस्थान जैसे कई राज्यों में शाहीनबाग की तर्ज पर आंदोलन खड़ा करने का कुत्सित प्रयास किया गया। दिल्ली के जामिया, सीलमपुर और दरियागंज में हिंसा भी भड़काई गई। इस हिंसा के लिए राष्ट्र विरोधी ताकतों ने बाहर से धन लिया और भाजपा को बदनाम करने की पूरी कोशिश की, लेकिन झूठ के पाँव कब तक जमीन पर टिकते? इस आंदोलन को समाप्त होना ही था।

दिल्ली विधानसभा चुनाव में सच के आगे भले ही एक बार झूठ की जीत हुई हो, लेकिन यह तय है कि प्रधानमंत्री नरेंद्र मोदी के नेतृत्व में बन रहे नए भारत में समाज के सभी वर्गों को सुरक्षा मिलेगी। जब हम जैसे बाहरी लोगों को मोदी सरकार ने इतना कुछ दे दिया है तो वह अपने नागरिकों की पूरी रक्षा करेगी और भारतीय मूल्यों एवं परंपराओं को पुनर्प्रतिष्ठित करके विश्व मंच पर भारत की आन, बान और शान को आगे बढ़ाएगी।

भाजपा द्वारा इस चुनाव के दौरान बार-बार यह सफाई दी गई कि नागरिकता संशोधन कानून किसी की नागरिकता छीनने का नहीं, बल्कि नागरिकता देने का कानून है। प्रकाश जावड़ेकर ने इस कानून को लेकर जनता के बीच फैलाए गए भ्रम के लिए विपक्षी कांग्रेस और आम आदमी पार्टी के कुछ नेताओं को सीधे-सीधे जिम्मेदार बताया था। उन्होंने बाकायदा संवाददाता सम्मेलन करके कहा था कि आम आदमी पार्टी का विधायक

अमानुल्लाह खान लोगों को नागरिकता कानून के खिलाफ भड़का रहा है। इस विधायक की तरफ से यहाँ तक कहा गया कि भाजपा अगर सत्ता में आई तो मसजिदों पर अजान पर रोक लग जाएगी, बुरके पर प्रतिबंध लगेगा। आम आदमी पार्टी के अमानुल्लाह खान, इशराक खान और अब्दुल रहमान तथा कांग्रेस के नेता चौधरी मतीन, आसिफ खान जैसे लोगों ने मासूम लोगों को भड़काने का काम किया और दिल्ली जैसे शांत शहर में हिंसा करवाने में बड़ी भूमिका निभाई।

आज पूरे भारत में देखा जा सकता है कि किसी भी मुसलिम की नागरिकता नहीं छीनी गई है। बहुसंख्यक हिंदुओं की तरह मुसलिम समाज भी शांति के साथ अपना जीवनयापन कर रहा है। जो लोग इसका विरोध कर रहे थे, उनमें से भी किसी की नागरिकता नहीं गई है। जाहिर है कि शाहीनबाग का पूरा खेल सिर्फ भाजपा की राष्ट्रवादी राजनीति के बढ़ते प्रभाव को रोकने के लिए किया गया था। शाहीनबाग की घटना ने इन तथाकथित धर्मनिरपेक्ष राजनीतिक दलों को नंगा करके रख दिया है। अपने दोगलेपन को छिपाने के

लिए इन दलों ने शाहीनबाग के मंच पर राष्ट्रवाद की नई बयार बहाने का दिखावा किया। मंच से तिरंगा फहराया गया और मुसलिम समाज के लोगों ने 'वंदे मातरम्' का भी गायन किया। मेरी नजर में यह भाजपा की राष्ट्रवादी राजनीति की सबसे बड़ी जीत है।

□

मेरी पाकिस्तान यात्रा : प्रशांत हरतालकर

मैं माधोभाई आपको पहले भी बता चुका हूँ कि विश्व हिंदू परिषद् की तरफ से हम लोगों को काफी सहायता दी जा रही है। विश्व हिंदू परिषद् के लोग हमारी जो-जो सहायता कर रहे हैं, उसका वर्णन शब्दों में कर पाना हमारे लिए कठिन है। पाकिस्तान के हिंदू समाज के अगले किस्सों को अब आपको विश्व हिंदू परिषद् के अंतरराष्ट्रीय संयुक्त के माध्यम से सुनाना चाहता हूँ। आप आगे इन किस्सों को ध्यान से सुनेंगे, ऐसी उम्मीद है।

मेरा नाम प्रशांत हरतालकर है। मैं विश्व हिंदू परिषद् के अंतरराष्ट्रीय प्रकोष्ठ का संयुक्त महामंत्री हूँ। मैं चार बार पाकिस्तान का दौरा कर चुका हूँ। पाकिस्तान से 1947 में हिंदू प्रवासी भारत आए। ये लोग वहाँ से विस्थापित होकर आए थे। आजादी के पहले भारत एक ही था। पाकिस्तान का नामोनिशान नहीं था। इन विस्थापितों की संख्या लाखों में थी। आगे कुछ वर्षों तक यह सिलसिला चलता रहा। ये लोग वहाँ से मुसलिम कट्टरपंथियों के हाथों प्रताड़ित होकर आए थे, फिर 60 के दशक के बाद 10 साल तक कोई आया नहीं। 1965 की लड़ाई के बाद हमारे यहाँ वीजा देना ही बंद कर दिया गया। यह सिलसिला कई सालों तक चला, फिर 1970 से लेकर 1995 तक जो भी लोग पाकिस्तान से भारत आए, वे मेडिकल वीजा पर आए। आना-जाना लगभग बंद हो गया था। सरकार का ध्यान सेना और आतंकवाद पर केंद्रित हो गया था। इस तरफ सरकार का कोई ध्यान नहीं था। आतंकवादी गतिविधियाँ शुरू हो गई थीं। कश्मीर में आतंकवादियों को भेजकर पाकिस्तान

की सरकार घाटी के अलगाववादियों को समर्थन देने लगी। 2000 तक वहाँ स्थिति बदलती गई।

पाकिस्तान से हिंदुओं के आने के तीसरे चरण 1999 के बाद अटल बिहारी वाजपेयी की सरकार बनी तो कुछ समय के लिए लोगों के प्रति दोनों तरफ की सरकारों का रवैया नरम दिखा, जो कुछ दिनों तक चला। वीजा को लेकर भारत सरकार का रवैया जैसे-को-तैसा वाला रहा। पहले दोनों ही देशों में ऐसा नहीं था। हम वीजा देते जा रहे थे, लेकिन पाकिस्तान हमारे लोगों को वीजा नहीं देता था। पाकिस्तान में सिर्फ मेडिकल विजीटर्स वीजा दिया जाता था। बाकी पर्यटन वीजा बिल्कुल नहीं दिया जाता था, लेकिन हमारा रुख एकतरफा था। हम ही पाकिस्तान के प्रति अपना एकतरफा प्यार जताते थे। अटलजी ने दोनों बातें कीं। एक तरफ तो उन्होंने नरमी दिखाई, वहीं दूसरी तरफ कड़क भी हुए। उन्होंने कहा कि 'नहीं, हमारी सरकार उसी तरह से वीजा देगी, जिस तरह से पाकिस्तान देगा।' 2005 तक भारत में जो भी लोग आए, उस समय सीमा भी खुली थी, लोग सीमा से सीधे चले आते थे। हमारे यहाँ राजस्थान का एक इलाका है, जो आज पाकिस्तान में है। वह पहले भारत में ही था। यह इलाका भारत का एक डिवीजन था। वहाँ के कलेक्टर आज भी राजस्थान के सचिव हैं। यह खोखरापार का इलाका है। यह इलाका भी उधर चला गया। राजस्थान और पंजाब की सीमा के दोनों तरफ लगभग सबकी रिश्तेदारियाँ थीं। लोगों का आना-जाना था। 2005 तक रोटी-बेटी का व्यवहार भी था। उधर पाकिस्तान के साथ कश्मीर सीमा पर हमारा युद्ध चल रहा था। कहा जा रहा था कि पाकिस्तान हमारा एक नंबर का शत्रु है, मगर नीचे के सीमावर्ती इलाकों में जमीनी स्तर पर माहौल शांत था और दोनों तरफ लोगों का आना-जाना लगा रहता था।

एक शादी में मैं भी गया था। भारत का लड़का और पाकिस्तान की लड़की दोनों की शादी थी। पासपोर्ट-वीजा की कोई जरूरत नहीं थी। यह 2005-06 की बात है। हम सीमा पार गए। सीमा पर गाड़ियाँ रुक गईं। सीमा पार दूसरी गाड़ियाँ आई थीं। धूमधाम से शादी हुई और हम लोग बहू को लेकर

आ गए। उन लोगों ने हमें सीमा पर छोड़ा। हम लोगों ने सीमा पार की और अपने देश में वापस लौट आए। यह बहुत पुरानी बात नहीं है।

मेघवाल, माली समाज, भील समाज इन सब लोगों की सारी रिश्तेदारियाँ पाकिस्तान में ही हैं। दो प्रकार से ये सारी बातें हो रही थीं। राजनयिक तरीके से हमारे संबंध अलग चल रहे थे, आतंकवाद और युद्ध अलग चल रहा था और स्थानीय संबंध अलग चल रहे थे। इस तरह से देखा जाए तो पाकिस्तान के साथ हमारा संबंध त्रिकोणात्मक था। इसके बाद रिश्तों में कड़वाहट आने लगी और सीमा बंद हो गई। इसके साथ ही लोगों का आना-जाना भी बंद हो गया। 2005 में इधर डॉ. मनमोहन सिंह के नेतृत्ववाली संप्रग सरकार थी और पाकिस्तान में जनरल परवेज मुशर्रफ की सरकार थी। इसी समय हमारे संबंधों में कड़वाहट शुरू हुई, जो बाद में अन्य शासकों के समय में काफी अधिक बढ़ गई, तब तक हमारे यहाँ कोई कड़वाहट नहीं थी।

मैं पाकिस्तान के लगभग सभी राज्यों में गया हूँ। रावलपिंडी गया हूँ, नॉर्थ फ्रंटियर गया हूँ, कराची गया हूँ, पंजाब गया हूँ। पाकिस्तान में हिंदुओं

की आबादी कितनी है, इस बारे में सटीक आँकड़ा बताना तो मुश्किल है, लेकिन जनगणना के आँकड़ों और अभी वहाँ के जो समाज विज्ञानी लोग कहते हैं, उसके अनुसार हिंदुओं की आबादी 27 से 30 लाख के बीच है। कुछ लोगों के मुताबिक यह आँकड़ा 50-60 लाख के करीब है। सिंध में अभी सबसे अधिक हिंदू आबादी निवास करती है। जाहिर है, वहाँ पर इस समय हिंदू समाज की आबादी कितनी है, यह बताना बेहद मुश्किल है। पाकिस्तान का जो आदिवासी इलाका, पेशावर और ईरान से लगा हुआ है, वहाँ एक किश्तू जमात है। ईरान की सीमा पर यह जमात रहती है। यह जमात अब केवल 20 से 25 हजार बची है। अब यह समाप्त हो रही है।

ये सब हिंदू हैं। यह काफी बीहड़वाला इलाका है। चारों तरफ रेगिस्तान और पहाड़ हैं। मैं मोटरसाइकिल से इन लोगों से मिलने गया था। जिस गाँव में गया था, उसका नाम मैशूल है। यहाँ पानी की काफी किल्लत है। मुझे पानी की एक बोतल खरीदने के लिए 150 रुपए देने पड़े थे। ईरान का गेट वहाँ से सबसे नजदीक है। वहाँ जाना भी बहुत मुश्किल है। यहाँ की सीमा का गेट सुबह लगभग छह बजे के करीब आधे घंटे के लिए खुलता है, तब ये लोग खच्चर लेकर जाते हैं और वहाँ से तस्करी करके डीजल लेकर आते हैं। वहाँ से भी आनेवाले लोग रहते हैं, उनको पाकिस्तान सरकार की तरफ से पास दिया जाता है। सबके देवी-देवता हमारे जैसे ही हैं। ये लोग शाक्त हिंदू हैं और देवी के उपासक हैं।

पाकिस्तान की स्वात घाटी में कलश जाति के लोग डेढ़ से दो लाख हो सकते हैं। मैं इस इलाके में भी जाकर आया हूँ। हिंदू समाज की अधिसंख्य आबादी सिंध में है। यहाँ के दादू, लरकाना जैसे कई जिले हैं, जहाँ 90 प्रतिशत आबादी हिंदू है, फिर पख्तूनवा इलाके में 40-50 हजार के आसपास बलोच लोग बचे हैं। इस प्रकार मेरे हिसाब से पाकिस्तान में लगभग 27 लाख हिंदू हैं। वहाँ पर हिंदुओं की स्थिति बहुत खराब है। सामाजिक दृष्टि से वहाँ के हिदुओं में आज तीन समूह दिखाई देते हैं। एक वर्ग तो बहुत अमीर है। उसके पास काफी संपत्ति है। हजारों एकड़ जमीन है। दूसरा हिंदू

एकदम ही गरीब है। उसके पास रहने के लिए भी जगह नहीं है। आज भी ये लोग पेड़ के नीचे ही रह रहे हैं और यह कोई अतिशयोक्ति नहीं है। तीसरा है वहाँ का आदिवासी हिंदू; तो मूल रूप से पाकिस्तान में हिंदुओं के तीन सामाजिक वर्ग हैं।

जाति के आधार पर देखा जाए तो पाकिस्तान में हिंदू समाज के लोग बहुत कट्टर हैं। अनुसूचित जाति, अनुसूचित जनजाति, अन्य पिछड़ा वर्ग, आदिवासी—यह जाति विभाजन वहाँ अभी भी बहुत अधिक है। कोई किसी के साथ कुछ भी व्यवहार नहीं करता है। एक बार मैं पाकिस्तान के संगरूर इलाके में गया था। यह इलाका कराची के नजदीक है। उस जिले के एक बाजार में वृद्ध महिला मर गई थी। मैंने उसको मरते हुए देखा। मेरा मन उसकी मदद करने को कह रहा था, लेकिन यह काफी मुश्किल था। मैं खड़ा होकर देख रहा था, लोग आते थे, दूर से खड़े होकर देखते थे, कोई उसकी मदद नहीं कर रहा था। वहाँ पर माहेश्वरी समाज (लोहिया) का एक व्यक्ति था। मैंने उससे पूछा कि 'भाई, वो महिला मर रही है, हमें उसकी सहायता करनी चाहिए। आप करो सहायता, कुछ पैसे चाहिए तो मैं देता हूँ। वो तो अभी मर गई है।' उसने कहा कि 'नहीं, वो महिला अनुसूचित जाति की है, हाथ नहीं लगाऊँगा।' मुझे उसकी यह बात सुनकर बहुत गुस्सा आया। मैंने कहा कि 'भाई, यहाँ तो आप भी मर रहे, वो भी मर रही है। आज 9 बजे वो मरी है तो 10 बजे आप भी मरनेवाले हो, लेकिन आप जाति लेकर बैठे हो।' यह घटना इस बात का साक्षात् प्रमाण है कि पाकिस्तान के हिंदू समाज में एकता का जो भाव होना चाहिए, वह बिल्कुल नहीं है। सरकार की तरफ से भी वहाँ के हिंदू समाज को हाशिए पर रखा गया है। उन्हें किसी भी तरह की सहायता नहीं मिलती है।

पाकिस्तान में हिंदुओं की प्रताड़ना का एक किस्सा आपको बताता हूँ। वहाँ से प्रताड़ित होकर जो लोग यहाँ दिल्ली के शरणार्थी शिविरों में आए हुए हैं, उसके एक शिविर में कुछ वर्ष पूर्व हमने 15 अगस्त को झंडा वंदन का कार्यक्रम आयोजित किया था। इस शिविर में रहनेवाले सभी शरणार्थी

पाकिस्तान के हैदराबाद से आए हैं। उनको लगा था कि झंडा वंदन कोई बड़ा आदमी आकर करेगा। मैं इस कार्यक्रम में गया हुआ था। मैंने कहा कि इस शिविर में सबसे बुजुर्ग व्यक्ति कौन हैं? उन्होंने एक महिला का नाम बताया। वह लगभग 93-94 वर्ष की थीं। वह अपनी झोंपड़ी में बैठी थीं। मैं उनके पास गया। मैंने कहा कि माताजी, आप चलो और झंडा वंदन करो। उनको बड़ा आश्चर्य हुआ। वह आईं, उन्होंने झंडा वंदन किया और बहुत रोईं। वहाँ उपस्थित सभी लोगों को समझ में नहीं आया कि वह क्यों रो रही हैं? मैंने पूछा माताजी, क्या हो गया? आप क्यों रो रही हो? उस महिला ने कहा कि 'भारत माता की जय' बोलने के लिए हम तरस रहे थे। पाकिस्तान में विभाजन की त्रासदी मैंने अपनी आँखों से देखी है और मैंने भुगता भी है। उस समय इस महिला के साथ बलात्कार हुआ था। स्वतंत्र होने के बाद भी पाकिस्तान में हिंदुओं को स्वतंत्रता दिवस के किसी भी कार्यक्रम में सहभागी बनने की अनुमति नहीं है। ऐसा अभी भी हो रहा है। उस महिला ने बताया कि स्वतंत्रता संग्राम के दौरान 'भारत माता की जय' बोला जाता था। बड़े लोग आते थे। मेरे परिवार के चाचा, पिताजी सब जाते थे। मैं भी उसमें जाती थी, तब उनकी आयु करीब 14-15 साल की थी। हमको लग रहा था कि कभी हम 'भारत माता की जय' बोलेंगे। देश के बँटवारे के बाद हमको कभी भी यह बोलने को नहीं मिला। मैं आज 93 वर्ष की उम्र में 'भारत माता की जय' बोल रही हूँ, इसलिए बीती बातों को याद करके रुलाई आ गई।' मैंने आप लोगों को यह उदाहरण इसलिए बताया कि आपको पता चल सके कि पाकिस्तान में अल्पसंख्यकों की वास्तविक स्थिति क्या है!'

अत्याचार क्या होता है, मैं आपको उसका एक और उदाहरण देना चाहूँगा। हैदराबाद में एक कोठी है। इसे 'मराठी कोठी' के नाम से जाना जाता है। यह कोठी 20 एकड़ में बनी हुई है। बहुत बड़ी है यह कोठी। लखनऊ में जो बड़े-बड़े महल हैं, वो भी इतने बड़े नहीं होंगे, चूँकि मैं भी मराठी हूँ, इसलिए मुझमें इस कोठी के बारे में जानने की जिज्ञासा बढ़ गई थी। यह कोठी विट्ठल कदम नाम के एक व्यक्ति की थी। उनके दादाजी

या पिताजी कभी पेशवाओं के साथ रहते थे। उधर गए और वहीं बस गए। यह हैदराबाद का एक बहुत ही प्रतिष्ठित परिवार था। ये लोग कितने अमीर थे, इस बात का अंदाजा इससे लगाया जा सकता है कि तब वहाँ की जो राज्य सरकार थी, उसको ये लोग कर्ज देते थे। विट्ठल कदम का एक भाई था। उसका नाम विजय कदम था। उसकी शादी हो गई थी। उसकी दो लड़कियाँ थीं और विट्ठल कदम के एक लड़की और एक लड़का था। 28 नवंबर, 1948 को मोहम्मद अली जिन्ना उनके घर के सामने जाकर खड़े हो गए। विट्ठल कदम की जो लड़की थी, उसका नाम पार्वती था। उस समय उसकी उम्र लगभग 9 वर्ष थी। इस घर में जिन्ना का आना-जाना पहले से था। जिन्ना पार्वती के पिताजी के दोस्त ही थे। पारिवारिक रिश्ते थे। पार्वती उनको चाचा कहती थी। जिन्ना ने उनसे कहा कि आप सब घर के बाहर जाओ। उन्होंने पूछा कि क्यों बाहर जाऊँ? उनको लगा कि दोस्त है, मजाक कर रहा है। जिन्ना बोले कि यह घर आज से मेरा है। उन्होंने कहा कि ठीक है, यह आप ही का घर है, इसमें क्या है? तुझे रहने के लिए आना है तो तू आ जा। इतना बड़ा घर तो खाली ही पड़ा है। इस पर जिन्ना ने कहा कि नहीं, यह कोठी आज से मेरी है। थोड़ी ही देर में वहाँ हजारों की संख्या में मुसलमान आ गए और कोठी में आग लगानी शुरू कर दी। आज भी उस कोठी के पीछे का एक हिस्सा जला हुआ है। यह सब मैं देखकर आया हूँ। कदम परिवार ने जो कपड़े पहन रखे थे, उसी कपड़े में घर से बाहर निकलना पड़ा। रास्ते में पार्वती के चाचा, चाची, बहन और परिवार के अन्य लोग कहाँ गए, पता नहीं। माँ, पिताजी और पार्वती, ये तीनों जैसे-तैसे जान बचाकर हैदराबाद से लाहौर पहुँचे। जेब में फूटी कौड़ी नहीं थी। लाहौर में इनके कोई परिचित थे। उनकी सहायता से ये लोग महाराष्ट्र के सतारा में आए। ये लोग मूलतः यहीं के रहनेवाले थे। इनकी पूरी संपत्ति जिन्ना ने अपने कब्जे में ले ली और वह आज भी कराची में जिन्ना का घर है।

सतारा में जब विट्ठल कदम अपने गाँव फलटण में गए, वहाँ लगभग एक साल रहे, मगर किसी ने इनकी कोई सहायता नहीं की। उनको लगा कि

यहाँ पर अपना जीना नहीं हो सकता। फलटण में रहते हुए पत्नी बीमार हो गई। पार्वती और विट्ठल दोनों मुंबई आ गए। विट्ठल ने मुंबई आकर एक कपड़े की मिल में काम करना शुरू कर दिया। एक अमीर खानदान का व्यक्ति मजदूरी करने को मजबूर हो गया। यह उसके लिए कितना कठिन रहा होगा, इसका अंदाजा लगाया जा सकता है। उस समय बेटी लगभग 11–12 साल की हो गई थी। उसके लिए तो कुछ करना ही था। विट्ठल को मिल में काम करने के दौरान टी.बी. हो गई। उनको लगा कि मैं तो नहीं रहूँगा, फिर पार्वती कहाँ रहेगी? उन्होंने उसकी शादी जाधव नाम के एक कुली से कर दी। जाधव की एक शादी पहले ही हो चुकी थी। कुछ दिन में ही विट्ठल की मौत हो गई।

अब पार्वती का जीवन संघर्ष शुरू हो गया। वह एक गरीब कामगार की लड़की थी और गृहिणी भी। पति बहुत दारू पीता था, पहली पत्नी थी, वह पार्वती से आयु में भी बहुत बड़ा था। उसका जीवन ऐसे ही लगभग 5–7 साल चला। पार्वती जब 19–20 साल की हो गई तो पति भी चल बसा। पार्वती के सामने अब समस्या थी कि वह बीस साल की उम्र में क्या काम करे? वह लोगों के घरों में झाड़ू-पोंछा लगाने और बरतन माँजने का काम करने लगी। इस प्रकार वह जाधव की पहली पत्नी के साथ गुजर-बसर करने लगी। कुछ दिन बाद पहली पत्नी ने उसको घर से बाहर निकाल दिया, तब से लेकर आज तक यह पार्वती जाधव मुंबई की लोकल ट्रेन में भीख माँग रही है। आज उसकी आयु 83 साल की है। अभी बूढ़ी हो गई है। एक दिन अंबरनाथ के ट्रैक पर भीख माँगते हुए उसका वीडियो दिखा। कितनी बार उसके ऊपर अत्याचार हुआ होगा। उसने जिंदगी में बहुत दर्द सहे। बूढ़ी हो गई है और बीमार भी रहती है। एक दिन लोकल ट्रेन में भीख माँगते-माँगते वह ट्रेन से गिर गई, लेकिन बच गई।

डोंबिवली में मनोज नाम का एक लड़का पुलिस में है। वह अनाथ है। उसको कभी माँ-बाप का प्यार नहीं मिला। वह इस तरह के बेसहारा लोगों को अपने घर लाता है और उनकी सेवा करता है। आज पार्वती उसके घर में है। मैं मनोज के घर जाता हूँ। उसके पास ऐसे 36 बेसहारा लोग हैं। मनोज इन सभी लोगों की सेवा करता है। उसके परिवार में पत्नी और दो बेटियाँ हैं। ये लोग इन सबको दादा-दादी के रूप में रखते हैं। उसके पास कुछ नहीं है। पुलिस की नौकरी से जो कमाता है, वह इन लोगों की सेवा में लगाता है। एक बार जब मैं उसके घर गया तो उसने पार्वती को पहले ही बता रखा था कि वे पाकिस्तान गए हैं, अभी भी जाते रहते हैं।

पार्वती बहुत बोलती है। उसने सुबह मुझे बुलाया। बोली, 'इधर आ।' उसने पूछा, 'तू हैदराबाद गया था?' मैंने कहा, 'हाँ, गया था।' वो बोली, 'वहाँ मराठी कोठी' देखी क्या?' मैंने कहा, 'हाँ, देखी', फिर उसने अपनी सारी कहानी बताया। वो बोली, 'आज भी मुझे मराठी कोठी याद है। मुझे वहाँ का सबकुछ याद है। अभी मैं बूढ़ी हो गई हूँ। जब तक मैं वहाँ रही, मैंने अपने

पूरे जीवन में कभी एक कपड़ा दूसरी बार नहीं पहना था। मगर 28 नवंबर, 1948 के बाद मैंने कभी नया कपड़ा नहीं पहना। पुराने कपड़ों पर ही मेरी जिंदगी बीती। नया कपड़ा मनोज और उसकी पत्नी ने मुझे दिया।'

मैंने अपने नागरिकता संशोधन कानून (सीएए) के भाषणों में सब जगह यह कहानी बताई। लोगों को यह समझना होगा कि पाकिस्तान में हिंदू की प्रताड़ना का क्या मतलब होता है? आप जाकर उस पार्वती जाधव के परिवार से पूछिए। वह 9 साल की थी, उसको सबकुछ याद है। कितनी बार बलात्कार हुआ होगा, कितनी बार अत्याचार सहा होगा, उसको सब याद है। वह बाद में मुझसे पूछती है, 'क्या वो तेरा प्रधानमंत्री नरेंद्र मोदी मुझको नागरिकता देगा?' यह उसका सवाल है। उसको नागरिकता वैसे ही मिली हुई है, लेकिन वह बुद्धिमान है। वह भले ही भिखारी हो चुकी है, लेकिन उसे पता है कि देश में क्या चल रहा है! वह अपने अधिकारों को लेकर जागरूक है।

अभी हाल ही में मीडिया में खबर आई थी कि कोरोना काल में जब पाकिस्तान के सभी पूजास्थल बंद थे तो उसी बीच कराची में एक काफी पुराना हनुमान मंदिर तोड़ दिया गया। मैं उस मंदिर में भी गया हूँ। वहाँ के मंदिरों में हिंदुओं का जाना बेहद मुश्किल है। नियमित रूप से कोई मंदिर में जाता नहीं है। अगर कोई त्योहार हो तो मंदिर जाते हैं, लेकिन बहुत डर-डरकर। सारे मुसलमान अगल-बगल में खड़े हो जाते हैं। पत्थर फेंकेंगे, गालियाँ देंगे, मारेंगे, ऐसा सब करते हैं ये लोग।

यह बहुत ही दुःख की बात है कि भारत सरकार ने कभी भी पाकिस्तान के हिंदुओं के ऊपर मुसलमानों द्वारा किए जा रहे इन अत्याचारों का संज्ञान लिया ही नहीं। यही कारण है कि कभी भी पाकिस्तान की सरकार पर भारत की तरफ इस मुद्दे पर औपचारिक रूप से कोई दबाव ही नहीं बनाया गया। सरकार को अपना धर्मनिरपेक्ष चेहरा बचाना था। भाजपा की सरकार जब आई है तो भी कुछ नहीं किया गया और कर भी नहीं सकती है। हमारे उच्चायुक्त को समय ही नहीं मिलता है। उनको अपनी जान बचानी है, यही बहुत बड़ा काम होता है। वह वहाँ जाकर क्या करेंगे? किससे मिलेंगे?

इसलिए यह तो संभव नहीं है। लोग इतने पीड़ित हैं, लेकिन उनके पास बोलने की कोई ताकत ही नहीं है, जैसा कि मैंने पहले बताया, वहाँ के हिंदू समाज के लोग आपस में भी बँटे हुए हैं। सब बस इतना ही देख रहे हैं कि वहाँ से कैसे बाहर निकलें, क्योंकि वहाँ रहे तो बिना मौत मरनेवाले हैं।

पाकिस्तान में मानवाधिकार है ही नहीं। किसके बारे में बोलेंगे ? अमेरिका और चीन पाकिस्तान का उपयोग कर रहे हैं। यह बात पाकिस्तान के लोगों को भी समझ में आ रही है कि अमेरिका और चीन को अपना अड्डा बनाने के लिए एक जगह चाहिए, इसलिए ये लोग पाकिस्तान की सहायता भी करते हैं। भारत के खिलाफ पाकिस्तान का उपयोग करते हैं। इसके लिए भी ये लोग पाकिस्तान की सहायता करते हैं। हर एक देश अपने हितों की रक्षा से जुड़ी नीति का वहाँ इस्तेमाल करता है। पाकिस्तान को जो पैसा देता है, उसके लिए वह पूरी तरह खुला हुआ है। इसीलिए वह चीन का भी स्वागत करता है और अमेरिका का भी स्वागत करता है। पाकिस्तान को सिर्फ पैसा चाहिए। पाकिस्तान तो आज पूरा कंगाल देश बन चुका है। उसके पास कुछ भी नहीं है। मैंने वहाँ के देहात में सरकारी प्राथमिक स्वास्थ्य केंद्र देखा है। वहाँ बिजली नहीं है। जब प्राथमिक स्वास्थ्य केंद्र में बिजली ही नहीं है तो वह कैसे चलेगा ? आईसीयू कैसे चलेगा ? जब बिजली ही नहीं है तो आईसीयू का उपयोग क्या है ?

विश्व हिंदू परिषद् अभी पाकिस्तान में दो बाल संस्कार केंद्र चलाती है। ये दोनों केंद्र कराची में हैं। वहाँ हनुमान मंदिर है, जहाँ हमने यह काम शुरू किया है। तीन साल हो गए हैं। हम इन केंद्रों के संचालन के लिए खर्चा भेजते हैं। यह पैसा भारत से भेजना तो संभव नहीं है। जिन देशों से भेजना संभव होता है, हम वहाँ से पैसा भेजते हैं। पाकिस्तान की सरकार को भी इस बारे में पता ही होगा। हमने एक और प्रयास किया था। इसके तहत पाकिस्तान के दो हिंदू युवकों को अमेरिका, इंग्लैड ले जाकर पढ़ा-लिखाकर उन्हें पाकिस्तान वापस भेजना था। वह प्रयास सफल नहीं हो सका, क्योंकि वो गए और पढ़-लिखकर वहीं रह गए। अच्छी जिंदगी देखने के बाद वो पाकिस्तान

वापस लौटने के लिए तैयार नहीं थे। वो सोचते हैं कि कौन जाएगा नरक में? पाकिस्तान में जो पढ़ा-लिखा है, वह पाकिस्तान छोड़कर ही जाता है।

पाकिस्तान में हिंदुओं के लिए कोई भविष्य नहीं है, जैसे आज अफगानिस्तान में केवल 648 हिंदू बचे हैं, वैसे ही धीरे-धीरे पाकिस्तान में भी चल रहा है। जो हिंदू आज वहाँ बचे हुए हैं, आज नहीं तो कल, उनको भी पाकिस्तान छोड़ना ही पड़ेगा। भारत सरकार ने निश्चित कर लिया है कि जो बचे हैं, उन सबको वापस लाना ही पड़ेगा, वरना जो बचे हैं, वो भी नहीं रहेंगे। वहाँ हमारे मंदिरों की स्थिति बहुत बुरी है। पाकिस्तान दुनिया की आँखों में धूल झोंककर यह दिखाने का प्रयास कर रहा है कि वह हिंदू मंदिरों का जीर्णोद्धार कर रहा है। इसके लिए वह अंतरराष्ट्रीय सहायता लेने का भी प्रयास कर रहा है, लेकिन सबसे बड़ा सवाल यही है कि जब वहाँ पर हिंदू ही नहीं बचेंगे तो इन मंदिरों में जाएगा कौन? आज हमारे तक्षशिला जैसे शिक्षण संस्थान और शारदा पीठ मंदिर कहाँ हैं? बलूचिस्तान में हिंगलाज माता के मंदिर के पुजारी को इन लोगों ने इतना प्रताड़ित किया कि वह भागकर भारत आ गया। वह पुजारी दो बार पाकिस्तान की संसद् का सदस्य रह चुका है। वह यहाँ आकर हरियाणा के रोहतक में शरणार्थियों की एक बस्ती में रह रहा है। वह हिंगलाज माता मंदिर ट्रस्ट का दो बार अध्यक्ष था। उसे सब छोड़कर भागकर आना पड़ा। आप अंदाजा लगा सकते हैं कि जब हिंदू सांसद ही सुरक्षित नहीं हैं तो पाकिस्तान के आम हिंदुओं की क्या हालत होगी! अब इस तरह के हालात में आज अखंड भारत की बात करना या पाकिस्तान के हिंदू मंदिरों के संरक्षण की बात करना निरर्थक है।

पाकिस्तान की राजधानी इसलामाबाद में इन दिनों हिंदू कृष्ण मंदिर के निर्माण की बड़ी चर्चा है। इसका निर्माण इस्कॉन द्वारा कराया जा रहा है। मैं आपको एक और बात बताना चाहूँगा। पाकिस्तान में कुछ मुसलमान बहुत अच्छे हैं। वो हिंदू से भी अच्छे हैं। जो अच्छा है, वो कहना ही चाहिए। उनको देखकर लगता कि वे लोग मजबूत हिंदू हैं। वे हिंदू के लिए लड़ते भी हैं, लेकिन इनकी संख्या बहुत कम है, 10 हजार में आपको एक-दो मुसलमान

इस तरह के मिलेंगे। उनकी बात कौन मानेगा? मैं आपको एक अनुभव बताना चाहूँगा। मैं रावलपिंडी के एक शिव मंदिर में दर्शन करने गया हुआ था। मेरे साथ एक महिला पुलिस थी। मैं उससे कुछ बात भी नहीं कर रहा था। मन में था कि यह मुसलमान है। मगर वो मेरे पास आई और मुझसे पूछा कि मैं मंदिर आ सकती हूँ क्या? मैंने कहा, आपका स्वागत है, हालाँकि मैं इस मंदिर का ट्रस्टी या कोई सदस्य नहीं हूँ। मैंने उसको बताया कि नमस्कार कैसे करना है। उससे मैंने शंकराचार्यजी का स्त्रोत भी बुलवाया। मैंने उससे कहा कि चलो, आप पूजा कर रही हो, भगवान् को नमस्कार कर रही हो, यह अच्छी बात है। उसने कहा, मुझे बहुत अच्छे लगते हैं हिंदू। मुझे बहुत आनंद आया।

बलूचिस्तान की एक घटना मुझे याद आ रही है। वहाँ पर मैं जिस होटल में रुका हुआ था, उसका मालिक हिंदू था। यह वहाँ का सबसे बढ़िया होटल था। होटल का मालिक शाकाहारी था। पाकिस्तान में यह मेरे लिए अजूबा था। मैं सोचने लगा कि पाकिस्तान में यह कैसे संभव है। यहाँ के तो हिंदू भी मांसाहार करते हैं। मैंने उसके समक्ष यह सवाल पेश किया। उसने कहा कि मैं शाम को आपको अपने कुछ मित्रों से मिलवाऊँगा। शाम को उसने अपने 6 दोस्त बुलाए, सब-के-सब मुसलमान थे। उसने बताया कि ये सभी शाकाहारी हैं। उसने शाकाहारी लोगों का एक समूह बना रखा है। पहली बार मुझे पता चला कि पाकिस्तान में भी शाकाहारी मुसलमान हैं।

मैं अब आपको पाकिस्तान के हिंदुओं की सामाजिक व आर्थिक स्थिति के बारे में बताना चाहूँगा। पाकिस्तान में सबसे बड़ा टकराव फिलहाल हिंदू और मुसलमानों के बीच ही है। पाकिस्तान में हिंदुओं की स्थिति तो बहुत ही खराब है। वहाँ धनी हिंदू भी बहुत हैं, लेकिन वो पूरी तरह अपनी ही दुनिया में रहते हैं, किसी से उनका मिलना-जुलना नहीं होता है। व्यापार और कारोबार के क्षेत्र में इन लोगों की काफी अच्छी पैठ है। वहाँ के हिंदुओं में अच्छा-खासा बौद्धिक वर्ग भी है, लेकिन उसे सरकारी नौकरियाँ नहीं मिलती हैं, इसलिए इन लोगों की प्राथमिकता होती है कि किसी तरह अमेरिका का वीजा मिल जाए। आज भी उनके बीच अमेरिका और ब्रिटेन का काफी क्रेज है और वहाँ वो जाना चाहते

हैं तो ये लोग पाकिस्तान छोड़कर देर-सबेर अमेरिका या ब्रिटेन निकल जाते हैं। वहाँ की राजनीति में भी हिंदुओं की स्थिति अच्छी नहीं है। कोई भी राजनीतिक दल उनको अपने साथ नहीं लेना चाहता है। कराची में भी जो हिंदू आते हैं, वे सब मुसलिम राजनीति करके ही आते हैं। ये लोग उनके ही दबाव में रहते हैं। अपने स्तर पर ये लोग हिंदुओं के लिए कुछ भी नहीं कर सकते।

आज पाकिस्तान में सामाजिक स्तर पर जो हो रहा है और होना भी चाहिए, मैं उसके बारे में कुछ बताना चाहता हूँ। रिंकू कुमारी नाम की एक लड़की का वहाँ पर अपहरण हुआ था, जो देश-दुनिया में काफी चर्चा का विषय बना था। इस तरह की घटनाएँ वहाँ के समाज की प्रैक्टिस बन गई हैं। यह रोज हो रहा है। वहाँ के मुसलमान हर रोज हिंदुओं की लड़कियाँ उठाकर ले जाते हैं। पाकिस्तान में यह स्थिति बहुत खराब हो चुकी है। यह सामाजिक संरचना को नुकसान पहुँचानेवाली है। इस तरह की घटनाओं पर भारत सरकार की प्रतिक्रिया का भी कुछ असर पड़नेवाला नहीं है।

गुजरात के अहमदाबाद में ऐसे कुछ पीड़ित लोग पाकिस्तान से आकर रह रहे हैं। पाकिस्तान के हैदराबाद की कोर्ट में मैं स्वयं खड़ा था। रिंकू की तरह ही सरोज नाम की एक हिंदू लड़की के अपहरण से जुड़े मामले की सुनवाई होनेवाली थी। यह मामला भी सोशल मीडिया पर काफी चर्चित हुआ था। मैं जब हैदराबाद गया था तो मिलने के लिए उनके घर गया। लड़की के पिता बहुत रोए। उस लड़की की एक छोटी बहन है और एक भाई है। एक साल पहले जब उस लड़की की उम्र 9 साल थी, तब उसे मुसलमान भगाकर ले गए थे। उसके पिताजी एक दुकान में काम करते थे। उन्होंने बहुत प्रयास किया कि लड़की वापस मिल जाए, लेकिन वह मिली नहीं। उन्होंने कोर्ट के काफी चक्कर लगाए, पुलिस स्टेशन में बताया, नेताओं के पास गए, लेकिन लड़की मिली नहीं।

जब सोशल मीडिया का थोड़ा दबाव पड़ा तो वहाँ की पुलिस भी थोड़ी सक्रिय हो गई। एक दिन पुलिस ने लड़की के पिता को बुलाया और लड़की को अदालत में हाजिर किया। मैं उस दिन उनके घर पर ही था। जब लड़की

के मिलने की खबर आई तो वह खुश हो गए। मैं भी उनके साथ अदालत में चला गया। हम केवल पाँच लोग कोर्ट में गए थे। दूसरी तरफ लड़की का अपहरण करनेवालों के साथ लगभग 200 मुसलमान थे। लड़की को अदालत में लाया गया। वह बुर्का और हिजाब आदि पहने हुए थी, उसकी सिर्फ आँख दिख रही थी।

अदालत में काररवाई शुरू हुई। जज ने उस लड़की से पहला सवाल यही पूछा कि क्या तुमने इसलाम कबूल किया? उसने कहा, 'हाँ!' फिर जज ने अगला सवाल किया, 'अपने मन से इसलाम कबूल किया?' उसने कहा, 'हाँ!' फिर पूछा कि क्या ये आपके पति हैं? लड़की ने कहा, 'हाँ।' अगला सवाल पूछा कि क्या तुम्हारा निकाह हो गया है? उसने कहा, 'हाँ।' उसका जो पति था, वो 53 साल का था। उस समय वह लड़की 11 साल की थी। ये सारे सवाल होने के बाद जज कहता है कि इसने इसलाम कबूल किया है और कानून के अनुसार जो भी मुसलमान है, उसकी सहायता करनी चाहिए, इसलिए यह आज से अपने पति के साथ रहेगी।

उस लड़की के माँ-बाप से जज ने एक भी सवाल नहीं पूछा। यह भी नहीं पूछा कि यह आपकी बेटी है क्या? आपका नाम क्या है यह भी नहीं पूछा। उन्होंने तो फैसला दे दिया कि वह लड़की अपने पति के साथ जाएगी। इन सारी बातों में 10 मिनट भी नहीं लगे। फैसला आने के बाद वो लोग चिल्लाने लगे और बाहर जाने लगे। जज ने कहा कि अदालत की काररवाई स्थगित की जाती है, तब लड़की के बाप ने कहा कि एक अनुरोध है कि बेटी से एक बार मिलने दिया जाए, तो जज ने कहा कि ठीक है, कोर्ट में ही मिलो। एक तरफ से बेटी आई और दूसरी तरफ से माँ-बाप और दोनों भाई-बहन आए।

जैसे ही पिताजी ने उसके सिर पर हाथ घुमाया तो स्वाभाविक है, वो रोने लगी। पिताजी को उसी समय दिल का दौरा पड़ा और वह अदालत में ही गिर गए। उसकी माँ की दुविधा मैं देख रहा था। माँ सोच रही थी कि पति हटें तो वह बेटी से बात करे। मैंने वहाँ जाकर लड़की के पिता को उठाया, अदालत

के सामने एक दवाखाना था। उनको डॉक्टर के पास ले गया। डॉक्टर ने कहा, हार्ट अटैक है। डॉक्टर ने प्राथमिक उपचार किया। कुछ इंजेक्शन और दवा देकर कहा कि किसी अच्छे अस्पताल में ले जाओ। डॉक्टर ने एक इंजेक्शन के 1200 रुपए लिये। मैंने फिर उनको दूसरे अस्पताल में पहुँचाया।

मुलाकात के समय लड़की ने एक चिट दी थी। चिट देते समय जज और अदालत में उपस्थित अन्य सभी लोगों ने देखा। चिट में लिखा था कि मैं आपके घर के बगल में रहती हूँ। आप मुझे भूल जाओ और छोटी बहन को बचाने के लिए भारत चले जाओ। जज ने चिट मँगवाई और उसमें जो बात लिखी गई थी, उसे जोर से पढ़ा, फिर फाड़ डाला और लड़की के पति से कहा कि इसको ले जाओ। यह है वहाँ के हिंदुओं की सामाजिक स्थिति! यह हकीकत है वहाँ के समाज, कानून और अदालत में हिंदुओं को मिलनेवाले न्याय की। मैं ही उस परिवार को भारत लेकर आया हूँ और आज भी वह परिवार गुजरात के अहमदाबाद में रह रहा है। मैंने उनको कहा था कि मैं आपकी सहायता करता हूँ। मैं इसलामाबाद स्थित भारत के उच्चायुक्त से मिला। उनको भारत लाने की व्यवस्था की और अपने साथ ही लेकर आया। ऐसे समाज से आप कौन सी अपेक्षा करेंगे? कौन सी सामाजिक सुरक्षा के लिए सरकार किससे कहे? पाकिस्तान में इस तरह के अपहरण और जबरन धर्म परिवर्तन के लिए मिट्ठू मियाँ का नाम चर्चा में है; लेकिन मेरा मानना है कि पूरा पाकिस्तान ही मिट्ठू मियाँ जैसे लोगों से भरा पड़ा है। पाकिस्तान के इस सामाजिक ढाँचे के बारे में आज लोगों को बताने की जरूरत है। ऐसा भी नहीं है कि यह किसी पिछड़े ग्रामीण इलाके की घटना हो। यह घटना वहाँ के अच्छे शहर हैदराबाद की है, जहाँ सिविक सेंस और सिविलाइजेशन दोनों होने का दावा किया जाता है।

हैदराबाद एक हिंदू परिवार की एक शादी में वर्ष 2019 में गया था। जितना आपका अनुमानित खर्चा है, उसका 10 प्रतिशत वहाँ के मुसलमान पार्टी कार्यालय में जाकर आपको जमा करना होता है। केवल हिंदुओं के लिए यह अनिवार्य व्यवस्था बनाई गई है। अगर कोई हिंदू शादी पर दो-ढाई करोड़

रुपए खर्च करना चाहता है तो 25 लाख रुपए वहाँ के ऑफिस में जाकर देना होता है। इसके बाद ही शादी की पत्रिका छपती है और आगे का काम होता है। अगर आप चाहते हैं कि शादी शांतिपूर्ण तरीके से निपट जाए, आपके मेहमान जैसे आए हैं, वैसे ही सलामत वापस जाएँ तो आपको यह पैसा देना ही पड़ेगा। यह एक तरह से प्रोटेक्शन मनी है।

मैं जिनके यहाँ शादी में गया था, उन्होंने लगभग ढाई-तीन करोड़ रुपया खर्च किया तो उससे पहले 25 लाख रुपए का 'हफ्ता' वहाँ पहुँचा दिया, बाद में होटल बुक किया और पत्रिकाओं को छपवाया। वहाँ पर किस प्रकार का सामाजिक तंत्र है, इससे समझा जा सकता है। उन्होंने कहा कि बेटी, मैं यहाँ तुम्हारी शादी नहीं करा सकता हूँ, इसलिए उन्होंने उसकी शादी यूके में तय की। लड़का वहाँ का था। जब तक कारोबार है, तब तक तो उन्हें पाकिस्तान में ही रहना है, उसको एकदम से छोड़ तो नहीं सकते हैं तो इतने भय के वातावरण में वहाँ का हिंदू समाज आज भी जी रहा है। हमारे यहाँ शादी की तिथि कैसे तय होती है! पहले देखते हैं कि होटल या बैंक्वेट हॉल मिल रहा है क्या? उसके आधार पर हम तारीख तय करते हैं, लेकिन पाकिस्तान में ऐसा नहीं है। वहाँ यह देखा जाता है कि पार्टी ऑफिस में पैसे पहुँच गए क्या? वो कौन सी तारीख दे रहे हैं? इसके बाद ही शादी का आगे का कार्यक्रम तय होता है। हैदराबाद शहर के मेयर इस समय बड़ौदा में रह रहे हैं। वो वहाँ से प्रताड़ित होकर भागकर बड़ौदा आए हैं। अपना सबकुछ पाकिस्तान में छोड़कर आए हैं।

आज पाकिस्तान से आए हुए साढ़े छह सौ डॉक्टर यहाँ हैं। उनकी प्रैक्टिस यहाँ पर चलती नहीं है। वहाँ की डिग्री यहाँ नहीं चलती है। मुंबई में हमारा एक दोस्त है—अजय समदाणी। वह वहाँ का बहुत बड़ा डॉक्टर था। मैं उसके घर रुका हूँ। उसके भाई, भाभी और पत्नी भी डॉक्टर थे। कोई कार्डियोलॉजिस्ट है तो कोई ऑप्टिक्स का विशेषज्ञ है। ये सभी अलग-अलग क्षेत्रों के प्रतिष्ठित डॉक्टर हैं। उनका पाकिस्तान में काफी बड़ा अस्पताल है। इसमें 57 बेड हैं। एक दिन अचानक उसके भाई को फोन आया कि इतने पैसे

दो, पत्नी और दो बेटियों को छोड़कर चले जाओ। वो सेक्युलर हैं, सोचा, मेरा कोई क्या बिगाड़ेगा तो मैं क्यों पैसा दूँ? पैसा देने गए नहीं और रात को ही उठाए गए। भाई-भाभी कहाँ हैं, पता नहीं। इस घटना के बाद यह परिवार तो डर गया। चार महीने के बाद डॉ. अजय को भी फोन आया कि एक बेटी और पत्नी, उनको छोड़कर इतने पैसे देकर जाओ। उसी दिन उन्होंने कराची छोड़ दिया। यह लगभग 7-8 साल पहले की घटना है। सौभाग्य से उनका वीजा भी हो गया था तो उनको भारत आना ही था।

अजय कार्डियोलॉजिस्ट है। उसके कई मरीजों का ऑपरेशन हुआ था। कई मरीज आईसीयू में भरती थे। उसने सबको ऐसे ही छोड़ दिया। कराची से फ्लाइट लेकर लाहौर आया, लाहौर से टैक्सी से वाघा बॉर्डर के गेट पर आया और फिर भारत में आ गया। पूरा परिवार यहाँ आ गया। जो पैसे संभव थे, वो साथ में लाए। बाकी सब वहीं छोड़ दिया। वो अब उल्हास नगर में जूते की दुकान चलाते हैं। यहाँ उनकी डिग्री को मान्यता नहीं है, इसलिए प्रैक्टिस नहीं कर सकते। सोचिए, एमडी कार्डियोलॉजिस्ट पाकिस्तान से अपनी जान बचाकर भारत में आया और यहाँ अपने परिवार का भरण-पोषण करने के लिए जूता बेचने को मजबूर है! उसकी कहानी सुनकर इतना दर्द हुआ कि मैं सोचने लगा कि अरे, यह क्या है! हमारे कानून में कुछ बदलाव करना चाहिए। सरकार को चाहिए कि ऐसे लोगों की एक परीक्षा ले और इनका इंटरव्यू लेकर प्रैक्टिस करने की अनुमति दे। हमारे देश में डॉक्टरों की कमी है। अजय जैसे 650 डॉक्टर पाकिस्तान से प्रताड़ित होकर यहाँ आकर बसे हैं। उनको प्रैक्टिस करने की अनुमति देने में क्या समस्या है? यहाँ कितने बोगस डॉक्टर काम करते हैं। बहुत सारे बांग्लादेशी झोलाछाप डॉक्टर यहाँ काम कर रहे हैं, लेकिन पाकिस्तान से आए इन अच्छे डॉक्टरों से सरकार को समस्या है। इसके लिए सरकार को कोई कदम उठाना चाहिए, जो अभी तक नहीं उठाया गया है।

पाकिस्तान के हिंदुओं को वहाँ की नागरिकता तो मिली है, लेकिन उन्हें सरकारी योजनाओं का कोई लाभ नहीं मिलता है। सिर्फ इतना ही है कि जैसे

अहमदिया वगैरह हैं, उनके पासपोर्ट पर 'अहमदिया' लिखा रहता है, हिंदू के लिए पाकिस्तान में एक बड़ी बात यह है कि उनके पासपोर्ट पर हिंदू नहीं लिखा रहता है। अहमदिया मुसलमानों की हालत वहाँ के हिंदुओं से भी ज्यादा खराब है। उनके पासपोर्ट का रंग भी अलग है।

पाकिस्तान में खेती करने के लिए बहुत अच्छे हिंदू किसान हैं। वहाँ पर पाँच बड़ी-बड़ी नदियाँ हैं। जमीन काफी उपजाऊ है। जो किसानी करनेवाले लोग हैं, उन्हें सरकार की तरफ से कोई भी मदद नहीं मिलती है, मगर जमीन में कुछ भी डालो तो उपज काफी अच्छी होती है, मगर इस जमीन का सही तरीके से उपयोग होता नहीं है। पाकिस्तान में जो प्रसिद्ध बिरयानी है, वो मुसलमानों की नहीं है, वो हिंदू की है। सिंध की पाकिस्तानी बिरयानी अंतरराष्ट्रीय स्तर पर मशहूर है। वहाँ इसे हिंदू ही बनाता है। यह वहाँ के हिंदू का सकारात्मक पक्ष है।

पाकिस्तान से प्रताड़ित होकर आया दिल्ली में एक परिवार है, जो शरणार्थियों की बस्ती में रहता है। एक दिन मैंने उस परिवार के मुखिया से पूछा कि यार, तुमने मुझसे कभी पूछा नहीं कि मेरे घर चलो, चाय पियो तो वो बोला कि आप ही का घर है, चलो। मैं उसके घर गया। चाय पीने के लिए बैठा। मैंने उसका हालचाल लेना शुरू किया। पूछा कि घर में और कौन-कौन लोग हैं, उनसे भी मिलाओ। उसने बताया कि तीन बेटे हैं। उनसे परिचय कराया, फिर अपनी पत्नी को बुलाया। उनसे भी परिचय कराया। उसने बताया कि मेरी लव मैरिज है। पत्नी काफी सुंदर है। उसने फिर कहा कि ये तीन बेटे इसके हैं। मुझे तो दो मिनट कुछ समझ में ही नहीं आया, यह क्या कह रहा है?

मैंने सोचा कि वो इन बच्चों की माँ है तो बेटे भी उसी के होंगे। मैंने फिर किसी दूसरे विषय पर चर्चा शुरू कर दी, लेकिन उसने फिर वही बात कही। मैं सोचने लगा कि यह एक ही बात दो बार क्यों बता रहा है? उसने कहा कि पत्नी के कारण ही वह भारत आ गया। मुझे कुछ भी समझ में नहीं आ रहा था। सोचने लगा, उसके इन दो वाक्यों में इतना बड़ा अंतर क्यों है? फिर मैंने उससे पूछा कि तुमने क्या कहा? तो वह बोला कि हाँ, जो आप अभी सोच

रहे हैं, वही मैंने कहा। ये तीनों बेटे इसके हैं! उसने बताया कि उसकी पत्नी को मुसलमान लोग तीन बार उठाकर ले गए थे और बलात्कार किया था। तीनों बार एक-एक बेटे का जन्म हुआ। मैं उसकी यह बात सुनकर एकदम अवाक् रह गया कि अपनी पत्नी के बारे में कोई ऐसे कैसे बोल सकता है। उसने बताया कि मेरे घर में 27 एकड़ जमीन थी। मैं पाकिस्तान में उसके घर होकर आया हूँ। सिंध प्रांत के संगरूर जिले के एक छोटे से गाँव में उसका घर था। खेती बहुत अच्छी थी। उसके पास एक फिएट कार भी थी। माल ढोने के लिए एक टेंपो था। वहाँ उसका जीवन काफी अच्छा था। उसने कहा कि जब आप पाकिस्तान में हमारे घर आए थे, तब दो बेटे थे। मन में आया था कि इसको छोड़ देना चाहिए या मार देना चाहिए, फिर सोचा कि मेरा उस पर प्रेम था और आज भी है। इसकी जगह मैं होता तो यह मेरे साथ क्या करती? इस सवाल ने मुझे बदल दिया। पूरी 27 एकड़ जमीन, दो गाड़ियाँ और घर 5 लाख पाकिस्तानी रुपए में बेच दिया। मतलब यहाँ के लगभग ढाई लाख रुपए। अब यहाँ आकर झोंपड़ी में रहता है तो उसके वाक्य का अर्थ यह था कि ये मेरी पत्नी के बेटे हैं, मगर पत्नी मेरी है, इसलिए ये बेटे भी मेरे हैं। यह बहुत बड़ी बात है। उसके जज्बे को सलाम करना पड़ेगा।

हमने अभी पाकिस्तान से भारत आनेवाले शरणार्थियों के लिए काम शुरू किया है। अभी दिल्ली में लगभग 5 से 6 हजार बलोच लोग हैं और 3 से 4 हजार पख्तूनवा हैं। लगभग 1000 से 1200 सिख समुदाय के लोग हैं। इनमें से बहुत लोगों की पहचान नहीं हो पाई है। लगभग 450 परिवारों की पहचान अभी तक हो पाई है। इनमें से अधिकतर पूर्वी दिल्ली के लक्ष्मीनगर में रहते हैं। वहाँ से जो सिंधी आए हैं, जिन्हें हम वहाँ का वैश्य समाज कहते हैं, इनकी संख्या कई हजार में है। निश्चित तौर पर कोई नहीं बता सकता है कि इनकी संख्या कितनी है। हरियाणा के रोहतक में पाकिस्तान से आकर बसे बहुत शरणार्थी हैं। पंजाब में तो बहुत हैं। पंजाब की गिनती तो करना ही मुश्किल है। 2005 के बाद भी पंजाब में बहुत सारे लोग आए हैं। कारगिल के युद्ध के बाद से पंजाब में सिखों का आना ज्यादा हो गया है। वहाँ कितने हैं,

अभी पता नहीं है। लगभग 2.5 से 3 लाख राजस्थान में हैं। महाराष्ट्र में 2 से 3 लाख लोग हैं। इस प्रकार 8 राज्यों में इनकी काफी संख्या है। उत्तर प्रदेश में भी लगभग 50 से 60 हजार लोग हैं। इसमें सिख, सिंधी, ओबीसी, एससी समाज के लोग आते हैं। अभी हमने अपना ध्यान इन 8 राज्यों पर केंद्रित किया है। सीएए के लिए भी हमने इन्हीं 8 राज्यों पर अपना ध्यान केंद्रित किया है। पाकिस्तान से जो हिंदू प्रताड़ित होकर भारत में आते हैं, उनमें से गुजरात, दिल्ली और राजस्थान में अनुसूचित जाति के लोग सबसे ज्यादा हैं, बाकी जगहों पर अनुसूचित जाति के लोग नहीं हैं या फिर न के बराबर हैं, ओबीसी और सामान्य वर्ग के लोग ज्यादा हैं। मैं यहाँ इनकी जाति का उल्लेख इसलिए कर रहा हूँ कि ये लोग जब पाकिस्तान से आते हैं तो समूह में आते हैं और अपनी टोली में ही रहते हैं। आते हैं हिंदू के नाते से, लेकिन उनको अगर यह कहा जाए कि धर्म के नाते आवश्यकता है कि अब आप लोग बिखर जाओ तो नहीं मानते हैं। हिंदू और मुसलमान में यह फर्क है। रोहिंग्या धर्म के लिए आया। भारत में रोहिंग्या कितना आया, यह तो सरकार भी नहीं ढूँढ़ सकती है। बांग्लादेशी मुसलमान कितने करोड़ हैं, सरकार को भी पता नहीं है। ये लोग भारत में आकर इतने फैल गए कि छोटे-छोटे गाँव में भी बसे हैं। ये लोग बांग्लादेशी हैं कि रोहिंग्या हैं, उसमें भी अंतर करना चाहिए। ये आए और धर्म के लिए बसे हैं। पाकिस्तान के हिंदू भी धर्म के ही कारण आए हैं, मगर ये लोग अपना समूह बनाकर रह रहे हैं। यह हमारी सबसे बड़ी कमी है।

नागरिकता संशोधन कानून के बारे में मेरा यही कहना है कि 1948 के बाद ऐसा कभी भारत में हुआ नहीं। देश के पहले प्रधानमंत्री पं. जवाहरलाल नेहरू से लेकर नरेंद्र मोदी तक जितने प्रधानमंत्री हुए हैं, वे सब बोलते आए हैं कि इस दुनिया में हिंदू जहाँ-जहाँ भी हैं, प्रताड़ित हुए हैं, उनके लिए भारत भूमि ही एकमात्र रास्ता है और उनको सहायता देना, उनका स्वागत करना हमारा धर्म है। यह बात महात्मा गांधी और सरदार वल्लभभाई पटेल ने भी कई बार कही है। मगर सबने केवल कहा और नरेंद्र मोदी ने किया। भारत में इनको आज तक किसी ने भी सहायता नहीं दी। आज कोई यह नहीं बता सकता कि

भारत में कितने शरणार्थी हैं और ये कितने देशों के हैं ? न विदेश मंत्रालय बता सकता है, न गृह मंत्रालय बता सकता है, न मानवाधिकार संगठन बता सकता है; न एलआईबी बता सकती है और न ही सीआईडी बता सकता है कि यहाँ पर कितने देशों के शरणार्थी हैं, कब आए, कैसे आए, क्यों आए और उनकी संख्या कितनी है ?

भारत में म्याँमार से वर्ष 1973 में लगभग 70 हजार हिंदू शरणार्थी आए। ये लोग अभी कहाँ पर हैं, किसी को पता नहीं है। आपको एक किस्सा बताता हूँ। मैं एक बार जयपुर गया हुआ था। वहाँ पर सरकार ने एक कैंप बनवाया था। वहाँ रह रहे लोगों को सर्विस करने की अनुमति थी। एक समूह में जाकर मैंने पूछा कि भाई यहाँ पर कुछ म्याँमार के लोग आए हैं, कहाँ होंगे ? तो उन्होंने कहा कि हमारे यहाँ जयपुर में ऐसा कोई नहीं है। मैं जिस समूह में था, उनके समूह का एक नेता था। उससे हमारी बातचीत हुई, मीटिंग हो गई। बाद में उसने कहा कि आप मेरे घर पर चलेंगे ? चाय-वाय पीते हैं। मैं उनके घर गया। उस समय उनकी आयु 73 वर्ष थी। उन्होंने कहा कि यहाँ के एकाउंट डिपार्टमेंट से रिटायर हुआ हूँ, फिर उन्होंने अपने घर के आस-पास दिखाकर बताया कि यहाँ जितने भी घर हैं, यह सब म्याँमार का सेटलमेंट कैंप है। उनका लहजा, बोली इतनी साफ थी कि लग रहा था कि कोई राजस्थानी है। उन्होंने बताया कि वह भी म्याँमार से ही हैं, यहाँ आकर सर्विस की और अब रिटायर हो गया हूँ। वह 1973 में ही आए थे। उन्होंने बताया कि मैं वहाँ से पढ़कर आया हूँ, इसलिए मुझे सर्विस जल्दी मिल गई। यहाँ किसी को पता नहीं है कि हम लोग म्याँमार से आए हैं; फिर उन्होंने यह दु:ख भी बताया कि हिंदू की संवेदनशीलता कैसी है ! वहाँ हम 54 लोग बैठे हुए थे। यह भी पता नहीं था कि यहाँ का जो सेक्रेटरी है, वह म्याँमार का है। वो बोले कि एक अच्छी बात यह है कि मुझे तो यहाँ के लोगों ने बहुत जल्दी स्वीकार कर लिया, लेकिन मेरी मातृभूमि तो म्याँमार है। उन्होंने अपने म्याँमार और भारत के पासपोर्ट सहित सभी दस्तावेज भी दिखाए।

हमारे देश में कुल 22 देशों के शरणार्थी हैं। श्रीलंका के भी हैं। इन

सभी देशों से जो शरणार्थी भारत में आए, उनके लिए यहाँ के हिंदुओं ने कुछ नहीं किया। मैं देखता हूँ इनके प्रति हिंदुओं का नजरिया कैसा है। दिल्ली तो इनसे ही बसी है। पंजाब में काफी शरणार्थी हैं। सरकार की बात तो बाद में, पहले मैं समाज की बात करता हूँ। सरकार की अपनी-अपनी सोच है, मगर सरकार ने इनके लिए न तो कोई कानून बनाया और न ही कुछ किया। ये आ गए और नेचुरल कोर्स में बस गए। 1971 में 1 करोड़ 10 लाख बांग्लादेशी भारत में आए। उस समय भारत सरकार ने बांग्लादेश के राष्ट्रपति के साथ एक समझौता किया। समझौते के तहत तय हुआ कि जो लोग वापस जाना चाहें, जा सकते हैं; तो लगभग 10 लाख लोग वापस बांग्लादेश चले गए। एक करोड़ हिंदू यहीं पर रहे। आज उस एक करोड़ से 4 करोड़ 63 लाख बांग्लादेशी हो गए। उनको यहाँ पर कोई सुविधा नहीं दी गई। 22 राज्यों में उनके सेटलमेंट कैंप बनाए गए, उनको जगह दी गई। इंदिरा गांधी ने यह काम किया, लगभग 1987 या 1997 तक, वर्ष मैं थोड़ा भूल रहा हूँ, उनको सरकार की तरफ से सहायता दी जाती थी। परिवार के हर वयस्क को 400 रुपए महीना और नाबालिग को 300 रुपए महीना यह सहायता राशि तय की गई थी। परिवार में जितने लोग होते थे, सबको यह सहायता मिलती थी। जो नए बच्चे पैदा होते थे, उनको भी पैसे मिलते थे। कहीं दो एकड़ तो कहीं पाँच एकड़ जमीन भी उनको दी गई। रहने के लिए घर दिया। इस तरह 1 करोड़ बांग्लादेशी शरणार्थियों को यहाँ पर बसाया गया, लेकिन अभी तक उनको नागरिकता नहीं मिली थी। मेरा सवाल यह है कि हिंदू समाज ने इनके लिए क्या किया? कुछ भी नहीं। इसी तरह पाकिस्तान, म्याँमार या श्रीलंका से जो शरणार्थी यहाँ आए, उनके लिए भी हिंदू समाज ने कुछ नहीं किया। श्रीलंका से सबसे पहले 1 लाख 40 हजार हिंदू शरणार्थी 1983 में भारत आए, उनके लिए भी हमने कुछ नहीं किया। हिंदू समाज की भी कोई जिम्मेदारी है कि नहीं? विश्व हिंदू परिषद् ने पहले इस पर विचार किया कि नहीं? सरकार क्या करेगी, बात अलग है। हम करेंगे तो सरकार करेगी। हमको एक कदम आगे आना पड़ेगा।

इसलिए इस बात को ध्यान में रखकर हमने इनके लिए काम करना शुरू किया है। हम अभी आठ राज्यों में इनके लिए काम करते हैं। इसमें सबसे पहले हम उनकी कानूनी समस्याओं का समाधान करते हैं। इसके लिए हम सरकारी कार्यालयों में जाकर उनका दीर्घकालिक वीजा बनवाते हैं। अभी पाकिस्तान से आए लोगों की वीजा की समस्या अधिक है। पाकिस्तान का पॉइंट वीजा हो गया है और सरकार ने धार्मिक वीजा भी शुरू किया है। अभी पर्यटक वीजा नहीं मिलता है। यह व्यवस्था दोनों तरफ है। हमको भी पाकिस्तान में धार्मिक वीजा पर जाना पड़ता है। पॉइंट वीजावालों को एक तयशुदा सीमा में ही रहना पड़ता है। पाकिस्तान से जो लोग यहाँ बसने के लिए आना चाहते हैं, वे सब हरिद्वार-ऋषिकेश या फिर वैष्णोदेवी का वीजा लेते हैं।

वहाँ के लोगों में दिल्ली का बड़ा क्रेज है। ये लोग किसी तरीके से दिल्ली आ जाते हैं। उनको पता है कि दिल्ली में सहायता भी मिलती है और यहाँ पर 800 से 1200 रुपए प्रतिदिन कोई भी कमा सकता है। पाकिस्तान में यह संदेश बहुत गया है कि भारत जाना है तो दिल्ली जाओ, वहाँ काम करने पर 800 से 1200 रुपए रोज मिलते हैं और विश्व हिंदू परिषद् सहायता भी करती है। इसलिए वहाँ से भारत बसने के इरादे से आनेवाला हर एक व्यक्ति यही चाहता है कि हम किसी भी तरह दिल्ली पहुँच जाएँ। यहाँ आने पर जब उनका दीर्घकालिक वीजा समाप्त हो जाता है तो उसे आगे बढ़वाने का काम यहाँ होता था। यह बहुत बड़ा काम था।

मगर मोदी सरकार ने यह काम बहुत आसान कर दिया। रक्षा मंत्री राजनाथ सिंहजी ने इसमें बहुत सहायता की। पहले इस काम के लिए बहुत पैसे खर्च करने पड़ते थे। दीर्घकालिक वीजा को बढ़वाना है तो इसके लिए पाकिस्तान सरकार से अपडेट कराना पड़ता था। इस काम के लिए भारत का पैसा पाकिस्तान जाता था। वो यहाँ भारत का पैसा पाकिस्तान उच्चायोग में भरते थे। मैंने राजनाथ सिंहजी को गणना करके बताया था कि यहाँ पाकिस्तान से आकर कितने लोग दीर्घकालिक वीजा पर आकर बसे हुए हैं और कितनी फीस उन्होंने दी। एक महीने में वीजा बढ़वाने की फीस के रूप में पाकिस्तान से आए

लोगों ने भारत के 68 करोड़ रुपए पाकिस्तान भेजे थे। मैंने उनसे कहा कि आप ऐसा कानून क्यों बनाते हो? सर्टिफिकेशन तो आप ही को करना है तो इसके लिए आपने वहाँ से पासपोर्ट रिन्यू करके लाने का प्रावधान क्यों बना रखा है? अगर यह कानून पहले से बना है तो सरकार इसे बदल भी तो सकती है। 68 करोड़ रुपए पाकिस्तान में भारत से इस काम के लिए जाना बड़ी बात थी। हम उनको एक पैसा भी नहीं देना चाहते। हमने उनसे सवाल किया कि हमारा पैसा वहाँ क्यों जाए? पाकिस्तान से यहाँ पैसा आए तो बात समझ में आती है।

राजनाथ सिंहजी मेरी बात समझ गए। उन्होंने कहा कि ठीक है, और तुरंत यह कानून बदल दिया। यह 2018 की बात है। तब तक वही पुराना कानून चल रहा था। किसी के दस्तावेज हैं, किसी के नहीं हैं। पोस्ट से मँगाना पड़ता था, वहाँ जाना पड़ता था, बड़ी समस्या थी। अभी नरेंद्र मोदीजी ने इतना अच्छा किया कि आप 100 रुपए फीस भर दो और अपना कोई भी दस्तावेज आप बताओ, चाहे पासपोर्ट हो, बिजली का बिल हो, स्कूल छोड़ने का प्रमाण-पत्र हो, आपका दीर्घकालिक वीजा रिन्यू हो जाएगा। अब सबको आसानी से दीर्घकालिक वीजा मिलने लगा है।

हमने 2018-19 में एक साल में 57 हजार लोगों के दीर्घकालिक वीजा रिन्यू करवाए। यह सरकार के रिकॉर्ड में है। इस दौरान हमने 650 लोगों को

नागरिकता भी दिलवाई। यह नागरिकता संशोधन कानून बनने से पहले की बात है। हम चाहते हैं कि हिंदू समाज इन लोगों के प्रति संवेदना दिखाकर अपने भाई की तरह स्वीकार करे, इनका स्वागत करे और हर तरह से इन लोगों की सहायता करे। वैसे देखा जाए तो दिल्ली के 6 शरणार्थी शिविरों में 1,200 लोगों की सहायता कोई बड़ी बात नहीं है। अधिक-से-अधिक 1,400 लोग होंगे। इससे अधिक इनकी संख्या नहीं है। इतनी बड़ी दिल्ली में 1,400 परिवारों को बसाना कोई बड़ी बात नहीं है। मगर यह भाव हिंदू समाज में आना चाहिए। उनको क्या करना है, यह बाद में सोचेंगे, मगर पहले इनको बताना है, हम यह सोचते हैं। हमारे प्रयासों से आज एक जागरण का माहौल बन गया है और एक समूह भी बनकर खड़ा हो गया है, जो उनको सहायता करने के लिए तैयार है।

यहाँ एक सहगल समूह है। बहुत बड़ा समूह है। 2013 में अफगानिस्तान से 27 हिंदू परिवार आए थे। उनका भी वीजा वगैरह यहाँ पर हो गया था। किसी ने उनको बताया तो वो लोग विश्व हिंदू परिषद् के कार्यालय में आए। मैं जब से विश्व हिंदू परिषद् से जुड़ा हूँ तो अफगानिस्तान भी जाना होता है। वहाँ के हिंदू समाज के लोगों से मिला हूँ तो वहाँ भी मेरे संबंध हैं। इस हिसाब से वह लोग विश्व हिंदू परिषद् के कार्यालय आए थे। इन 27 परिवारों के कुल 83 लोग थे। समस्या थी कि इन लोगों को रखें कहाँ पर? मैंने कहा, ठीक है, कुछ-न-कुछ व्यवस्था तो करेंगे। जब तक उनके रहने की कोई स्थायी व्यवस्था न हो जाए, तब तक के लिए हमने उन सबको एक मंदिर में रहने का प्रबंध करवा दिया। ये लोग मंदिर में 15-20 दिन रहे। इस बीच उनके रहने के लिए स्थायी प्रबंध के प्रयास के तहत मैं 'सहगल ग्रुप ऑफ कंपनीज' में गया। सारे सहगल अफगानिस्तान के हैं। मुझे पहले से ही पता था कि वे काबुल के हैं, क्योंकि मैं अफगानिस्तान में उनके भाई से मिलकर आया था। मैंने उनको बताया कि आप भी काबुल के हो और ये लोग भी काबुल से ही आए हुए हैं। आप अपनी कंपनी में इन लोगों को जगह दीजिए। उन्होंने नकार दिया, फिर मुझे क्रोध आ गया। मैंने उनसे कहा कि जब तुम काबुल से भागकर यहाँ आए

थे तो तुमको किसी ने पनाह दी थी ना, आज क्यों भूल गए? मुझे मालूम था कि गुस्सा करके कुछ होगा नहीं, मगर मैं खुद को रोक नहीं सका। मेरा कहना है कि इन लोगों की सहायता जैसा भाव सबमें चाहिए।

आज ये जो लोग बसे हैं, इन लोगों ने जमीन पर अतिक्रमण किया हुआ है। यह ठीक नहीं है। इन लोगों ने सरकार की जमीन पर अतिक्रमण किया हुआ है। उनको व्यवस्थित कैसे किया जाए, यह सवाल हमारे सामने है। उनको रोजगार कैसे दें? उनके स्वास्थ्य के बारे में कैसे सोचेंगे। स्वरोजगार की ओर उनको कैसे प्रेरित करके उनके अंदर किस तरह से स्वाभिमान आएगा? इन लोगों का एक अच्छा स्वाभिमानी व संस्कारयुक्त जीवन कैसे बने, हम इस बारे में प्रयास कर रहे हैं। पाकिस्तान से आए इन लोगों में हिंदू भावना बहुत मजबूत है, इसमें कोई दो राय नहीं है। हम लोग इसके लिए काम कर रहे हैं। दाल-रोटी तो इनको कोई भी दे देता है। इन लोगों को बहुत मिलता भी है। नागरिकता संशोधन कानून बन जाने के बाद तो अभी ये काफी लाइम लाइट में हैं। कोई भी रास्ते में जाते समय इनकी बस्ती के पास रुकता है और कुछ-न-कुछ बाँटकर आता ही है। मगर इस तरह तो ये लोग भिखारी बनेंगे और स्वालंबन नहीं होगा। हमें इनको भिखारी नहीं बनाना है। हमें इनके लिए वह सबकुछ करना है, जिससे कि ये लोग अपनी मेहनत की कमाई से अपने पैरों पर खड़े हो जाएँ। अभी प्रक्रिया शुरू है। इनके लिए जो भी आवश्यक है, हम अवश्य देंगे। धीरे-धीरे देंगे। हमारे सपने में है कि इन लोगों का एक अच्छा घर यहाँ पर होना चाहिए, जिससे कि ये लोग सरकारी जमीनों पर अतिक्रमण न करें। इसके लिए हम कुछ योजनाएँ चला सकते हैं। हम कोई जगह खरीदेंगे। हमको इस काम के लिए सरकार की तरफ से किसी सहायता की जरूरत भी नहीं है। हम लोगों से आर्थिक सहयोग लेकर अपने स्तर पर यह काम करेंगे। जमीन लेकर उनके लिए फ्लैट स्कीम बना देंगे और उसका पुनर्भुगतान ये लोग धीरे-धीरे करेंगे। हम यह काम 'नो प्रॉफिट-नो लॉस' पर करेंगे। हमें लाभ कमाकर क्या करना है? अगर एक ऐसा परिवार यहाँ अपने घर में रहता है तो यह बड़ी बात है। अभी हम लोग इसी काम में लगे हैं।

हमारा मानना है कि सबसे पहले इनको रोजगार मिलना चाहिए, इसलिए सबसे पहले हमने इन लोगों को यहाँ की भाषा सिखाई। यहाँ आए थे तो इनकी भाषा-बोली में पाकिस्तान का लहजा था। यहाँ पाकिस्तान से आए लोगों के प्रति पहले से ही घृणा का भाव होता है, इसलिए सबसे पहले हमने इन लोगों को यहाँ की भाषा सिखाना शुरू किया। इनकी हिंदी में उर्दू, फारसी, अरबी के काफी अधिक शब्द होते थे। फिर हमने धीरे-धीरे इनको रोजगार दिलाने का प्रयास आरंभ किया। इस काम के लिए हमने 350 लोगों से 10-10 हजार रुपए लिये। कोई इनको कर्ज तो देता नहीं है। हम इनको बिना किसी ब्याज के ऋण देते हैं। हमने 2014 में इन लोगों को रेहड़ियाँ दीं। कुछ लोग मोबाइल एक्सेसरीज, सब्जियों आदि की छोटी-छोटी दुकानें लगाकर अपना धंधा करने लगे। आश्चर्य की बात है कि 2014 से लेकर आज तक एक भी डिफाल्टर नहीं हुआ। हमने साल में एक दिन तय किया है—गुड़ी पाड़वा का तीसरा दिन। हमने इन लोगों की एक कमेटी बनाई है और उस कमेटी को पैसे दिए हैं। हमने सोचा कि ज्यादा-से-ज्यादा क्या होगा, ये लोग 3.50 लाख रुपए खा जाएँगे। हमारा इतना नुकसान हो जाता है, साढ़े तीन लाख डूब भी जाएँगे तो कोई बात नहीं। जिन लोगों से हमने 10-10 हजार रुपए लिये थे, उनको बताया था कि हम इसे तीन साल बाद लौटाएँगे। हमें विश्वास था कि इसमें से एक पैसा भी मिलनेवाला नहीं है और हमारा ऐसा सोचना स्वाभाविक भी था, क्योंकि हमें पता था कि जिसको हम 10 हजार दे रहे हैं, वर्तमान में उसके पास कुछ भी नहीं है, लेकिन इन लोगों की प्रामाणिकता देखिए। पहले साल गुड़ी पाड़वा के अवसर पर मैं भी गया था, यह देखने के लिए कि कितने लोग आते हैं, कितने नहीं आते हैं! आपको आश्चर्य होगा, 350 में से 349 लोग आए थे! केवल एक ही नहीं आया था। मैंने लिस्ट देखी और पूछा कि वह क्यों नहीं आया तो लोगों ने बताया कि वह बहुत बीमार है, वह आ ही नहीं सकता, इसलिए नहीं आया। इतनी ईमानदारी हिंदू समाज की है। हम इस तरह के मूल्यों को संरक्षित करना चाहते हैं। यह आवश्यक है। मैं यह बात सबको बताता हूँ। 6 साल हो गए हैं इन लोगों को कर्ज दिए, आज तक एक

भी डिफाल्टर नहीं है। जिन लोगों ने 10-10 हजार रुपए दिए हैं, उनके लिए यह कोई बड़ी बात नहीं, मुझे भी पता है। कई लोगों ने कहा है कि इस पैसे का उनके लिए आप जैसा उपयोग करना चाहो, करो।

विश्व हिंदू परिषद् इस समय विश्व के 56 देशों में रजिस्टर्ड संगठन बनाकर काम कर रहा है। देखा जाए तो केवल विश्व हिंदू परिषद् ही एक ऐसा सबसे बड़ा संगठन है, जो विश्व के 56 देशों में ऐसा काम कर रही है, बाकी और कोई नहीं है। ये जो हमारे पड़ोसी देश और दक्षिण-पूर्वी एशियाई देश हैं, यहाँ भी विश्व हिंदू परिषद् काम कर रही है। इन कामों को मैं ही देख रहा हूँ। मगर आज ऐसा है कि पाकिस्तान जैसे पड़ोसी देशों में हम लोग समूह नहीं बना सकते; क्योंकि यह काम बहुत मुश्किल है, इसलिए संस्कार केंद्रों के माध्यम से हमने अपना काम शुरू किया है। मैं 4 बार पाकिस्तान गया हूँ। मैं वहाँ ऐसे ही नहीं गया, वहाँ हिंदू हैं, इसीलिए गया था। आज मालदीव में एक प्रतिशत से भी कम हिंदू बचे हैं। यह सोचनेवाली बात है कि केवल 50 साल में वहाँ का हिंदू कैसे कम हो गया? मालदीव कैसे स्वतंत्र हुआ, यह भी हम सब लोगों को मालूम नहीं है, मगर हम मालदीव में प्रयास करते हैं। वहाँ आज सिर्फ आदिवासी हिंदू बचा है, जिसके पास कुछ नहीं है। श्रीलंका में हमारा रजिस्टर्ड संगठन है। हम वहाँ पर मजबूत हैं। श्रीलंका में हिंदू पहले से ही हैं। इंडोनेशिया में विश्व हिंदू परिषद् रजिस्टर्ड नहीं है, मगर वहाँ की हिंदू धर्म परिषद् के साथ मिलकर हम काम करते हैं। थाईलैंड, सिंगापुर में किसी का रजिस्ट्रेशन होता ही नहीं है। थाईलैंड में हम बहुत मजबूत हैं और विश्व हिंदू परिषद् वहाँ काफी अच्छा काम कर रहा है। फिलीपींस, तुलिप और जापान में भी विश्व हिंदू परिषद् का अच्छा काम चल रहा है। वियतनाम में रजिस्ट्रेशन नहीं हो सकता, मगर आज हम वियतनाम, कंबोडिया और लाओस में काफी मजबूत हैं। दक्षिण-पूर्व एशिया में कुल 22 देश हैं, उसमें से हमारा रजिस्ट्रेशन 3 देशों में है और हमारा काम 19 देशों में है। 2-3 छोटे-छोटे देशों में अभी हमारा काम नहीं है। हम फिलीपींस तक अच्छी तरह से काम कर रहे हैं।

मैं तुलिप भी गया हूँ, जो सबसे छोटा देश है। वहाँ आज सिर्फ 20 से 25

हिंदू ही रहते हैं। इधर चीन में 10 हजार हिंदू हैं। ये लोग मूल रूप से चीन के ही रहने वाले हैं। हमने इनको भी ढूँढ़कर निकाला है। ये लोग दक्षिण चीन में रहते हैं, लेकिन वहाँ काम करना काफी मुश्किल है। ये लोग हिंदू परंपराओं का पालन आज भी कर रहे हैं। ये लोग हमारी तरह ही पूजा-पाठ करते हैं। 'वक्रतुंड महाकाय' का श्लोक ये लोग चीनी भाषा में लिखकर बोलते हैं। दुनिया के कई देशों में जाकर एक बात मुझे यह भी पता चली कि सारे विश्व में हिंदू लोग 'ओम जय जगदीश हरे' आरती गाते हैं। आप इसे हिंदू समाज की 'सार्वभौमिक आरती' कह सकते हैं।

हमारे पड़ोसी देश भूटान में हिंदू धर्म माननेवालों का एक छोटा सा समुदाय है। 'भूटान हिदू धर्म समुदाय' नाम से वहाँ एक संगठन है। हम उनके साथ काम करते हैं। भूटान में हमको प्रवेश की अनुमति नहीं है। वहाँ हमें कुछ करने भी नहीं दिया जाता है। वहाँ हिंदुओं पर बहुत अत्याचार होता है। मैं जब 2013 में पहली बार भूटान गया तो इम्मीग्रेशन काउंटर पर एक महिला बैठी थी। उसके हाथ में एक लकड़ी थी। वह लकड़ी को ठोंककर पूछती थी कि तुम्हारा नाम क्या है? तुम भूटान में क्यों आए हो? मैंने उससे पूछा कि आप लकड़ी क्यों बजा रही हो? बोल नहीं सकती क्या? भूटान में अकेले जाने नहीं देते हैं। वहाँ जाने के लिए दो व्यक्ति चाहिए। जितनी बार गया, मेरा उन लोगों से कोई-न-कोई विवाद हुआ है। इस बारे में मैंने प्रधानमंत्री नरेंद्र मोदी को एक पत्र भी लिखा है।

□

हमारे लिए शांति-दूत हैं नरेंद्र मोदी

आज देश में एन.आर.सी., एन.पी.आर. और सी.ए.ए. को लेकर जो लोग मोदी सरकार के विरोध में अंधे हो रहे हैं, उन्हें हमारी जिल्लतों, हमारी बहू-बेटियों द्वारा पाकिस्तान में झेली गई यातनाओं का रत्ती भर भी आभास नहीं है। ये लोग प्रधानमंत्री नरेंद्र मोदी को देश के सबसे बड़े अल्पसंख्यक समुदाय, यानी मुसलमानों के बीच एक खलनायक के रूप में पेश करने का प्रयास कर रहे हैं; लेकिन मैं आपको ऐतिहासिक सबूतों के साथ यह बताऊँगा कि यह व्यक्ति पाकिस्तान से आए हम सभी अल्पसंख्यक हिंदू, सिख, बौद्ध, जैन, पारसी, ईसाई समुदाय के लोगों के लिए ईश्वर द्वारा भेजा गया शांतिदूत है। मोदीजी हमारे मसीहा हैं। हमने अपना घर समझकर पाकिस्तान को हमेशा-हमेशा के लिए छोड़कर भारत आकर शरणार्थी के रूप में बसने का फैसला किया, लेकिन प्रधानमंत्री ने 'वसुधैव कुटुम्बकम्' की सनातन अवधारणा को अपना मार्गदर्शक मंत्र बनाकर हमें यहाँ का नागरिक बनाया है। ऐसा करके मोदीजी हम अनाथों के लिए नाथ बन गए हैं।

जब संसद् से नागरिकता संशोधन कानून पारित हुआ तो उस समय विपक्षी दलों ने आसमान सिर पर उठा लिया था। कानून के विरोधियों की तरफ से देश के मुसलमानों के बीच झूठा प्रचार किया गया कि सरकार उनकी नागरिकता छीनने जा रही है। देश के कई हिस्सों में दिल्ली के शाहीन बाग की तर्ज पर विदेशों से मिले धन के सहारे आंदोलन खड़े किए गए, लेकिन आज देखा जा सकता है कि झूठ की बुनियाद पर खड़ा किया गया आंदोलन पूरी

तरह से इतिहास के गर्त में दफन हो चुका है। जो लोग कागज नहीं दिखाने की कसमें खा रहे थे, कोरोना महामारी के समय वही लोग सरकारी सहायता प्राप्त करने के लिए कागज लेकर कतारों में खड़े दिखे और सरकार ने उनको सहायता भी दी।

यह सवाल अकसर पूछा जाता है कि आखिर नागरिकता कानून में संशोधन की जरूरत क्यों पड़ी? इसके लिए हम आपको 'नेहरू-लियाकत' समझौते की मूल बातों को बताना चाहते हैं। साथ ही हम आपको यह भी बताएँगे कि देश के बँटवारे के कुछ वर्ष बाद पं. जवाहरलाल नेहरू ने एक और समझौता किया था, जिसे 'नेहरू-नून समझौता' के नाम से जाना जाता है। इन दोनों समझौतों के आधार पर मोदी सरकार द्वारा लिये गए ऐतिहासिक निर्णायक फैसले हमारे इस दावे को पुष्ट कर देंगे कि नरेंद्र मोदी वास्तव में शांति के मसीहा हैं और वह न सिर्फ देश में, बल्कि समूचे भारतीय उपमहाद्वीप और विश्व में शांति स्थापित करने के प्रयास में दिन-रात एक करके मेहनत कर रहे हैं। इसके लिए नरेंद्र मोदी नोबल पुरस्कार के हकदार बन चुके हैं। उन्हें नोबल पुरस्कार मिले या न मिले, इसमें कोई दो राय नहीं है कि वह हमारे दिलों में बसते हैं।

सबसे पहले बात करते हैं 'नागरिकता संशोधन कानून' और 'नेहरू-लियाकत' समझौते की। यह समझौता 8 अप्रैल, 1950 को भारत के प्रथम प्रधानमंत्री पं. जवाहरलाल नेहरू और पाकिस्तान के तत्कालीन प्रधानमंत्री लियाकत अली के बीच हुआ था। इसमें प्रावधान किया गया था कि विभाजन के कारण जो लोग शरणार्थी हो चुके हैं, वे अपनी संपत्ति का निपटान करने के लिए भारत-पाकिस्तान आ-जा सकते थे। इसमें अगवा की गई महिलाओं और लूटी गई संपत्ति को वापस किए जाने का प्रावधान था और जबरन धर्मांतरण को मान्यता नहीं दी गई थी। साथ ही दोनों देशों के बीच अपने-अपने देश में अल्पसंख्यक आयोग गठित करने पर सहमति बनी थी। इस संधि पर नई दिल्ली में भारत के प्रधानमंत्री पं. जवाहरलाल नेहरू और पाकिस्तान के प्रधान मंत्री लियाकत अली खान ने हस्ताक्षर किए थे। यह संधि भारत के

विभाजन के बाद दोनों देशों में अल्पसंख्यकों के अधिकारों की गारंटी देने और उनके बीच एक और युद्ध को रोकने के लिए की गई छह दिनों की वार्त्ता का परिणाम थी। इसके बाद दोनों देशों में अल्पसंख्यक आयोग गठित किए गए।

लेकिन पाकिस्तान का अल्पसंख्यक आयोग केवल दिखावा मात्र बनकर रह गया है। इस समझौते के 70 साल बाद आज देखिए भारत में अल्पसंख्यकों की क्या स्थिति है और पाकिस्तान के अल्पसंख्यक किस हालत में हैं। भारत में जहाँ अल्पसंख्यकों की आबादी लगातार बढ़ी है, वहीं पाकिस्तान में अल्पसंख्यक हिंदू दर-दर की ठोकर खाने को मजबूर हैं। लियाकत अली इस समझौते में अल्पसंख्यकों की रक्षा के लिए जिन-जिन मुद्दों पर सहमत हुए थे, समझौते के तुरंत बाद से लेकर अबतक पाकिस्तान की सरकारों ने उसका ठीक उल्टा काम किया है। मेरा सीधा सवाल यही है कि नागरिकता कानून के विरोधियों को यह सब क्यों नहीं दिखाई दे रहा है? पाकिस्तान में हिंदुओं को लगातार सताया जा रहा है। आए दिन उनकी बहू-बेटियों के अपहरण, बलात्कार और जबरन धर्म-परिवर्तन की खबरें मीडिया

की सुर्खी बन रही हैं, लेकिन सी.ए.ए., एन.पी.आर. और एन.आर.सी. के समर्थक इन्हें लेकर धृतराष्ट्र बने हुए हैं। दरअसल, ये वही लोग हैं, जो छद्म धर्मनिरपेक्षता की आड़ में भारत को दारुल हरब से दारुल इसलाम में बदलने का ख्वाब पाले हुए हैं। इन्हें राष्ट्र की एकता और अखंडता की जरा सी भी चिंता नहीं है। इनकी नजर में भारत माता डायन है। इनका नारा है—'भारत तेरे टुकड़े होंगे, इंशा अल्लाह, इंशा अल्लाह।' इन्हें अभी भी आजादी की दरकार है। जिससे कि ये बुतपरस्ती को समाप्त करने के नाम पर भारत की बहुसंख्यक हिंदू आबादी को भी अपने रंग में ढाल सकें।

देश भर में इन लोगों ने इस कानून का जबरदस्त विरोध किया। देश की राजधानी दिल्ली सहित कई इलाकों में इन लोगों ने भीड़ इकट्ठा करके हिंसा फैलाने का काम किया। इसलाम को मानने वाले कई तथाकथित धर्मनिरपेक्ष बुद्धिजीवियों ने अपने धर्मनिरपेक्ष चोगे को उतारकर असली रूप में आकर इसका विरोध किया। इस दौरान संसद् के भीतर और बाहर प्रधानमंत्री नरेंद्र मोदी और गृहमंत्री अमित शाह के अलावा कई केंद्रीय मंत्रियों ने बार-बार सफाई दी कि यह कानून किसी की नागरिकता लेने के लिए नहीं है। उन्होंने स्पष्ट रूप से कहा कि इसे 'नेहरू-लियाकत समझौते' को ध्यान में रखकर पाकिस्तान, बांग्लादेश और अफगानिस्तान के अल्पसंख्यकों को नागरिकता देने के लिए लाया जा रहा है, लेकिन इन लोगों ने मासूम मुसलमान भाइयों को बरगलाने का राष्ट्रोद्रोही कृत्य किया। इन तथाकथित मुसलिम हितैषियों से मेरा एक ही सवाल है कि 11 दिसंबर, 2019 को नागरिकता संशोधन कानून संसद् से पारित हुआ, तब से लेकर आजतक देश के कितने मुसलमानों की नागरिकता छीनी गई?

नागरिकता (संशोधन) अधिनियम विधेयक को पारित करने से पहले हुई लोकसभा बहस में (नागरिकता संशोधन) विधेयक को सही ठहराते हुए गृह मंत्री अमित शाह ने 'नेहरू-लियाकत समझौते' का उल्लेख किया। उन्होंने इस समझौते को इस संशोधन की वजह बताते हुए कहा, यदि पाकिस्तान द्वारा संधि का पालन किया गया होता तो इस विधेयक को लाने की कोई आवश्यकता नहीं होती।'

आपकी जानकारी के लिए बता दें कि 'दिल्ली पैक्ट' के नाम से मशहूर इस 'नेहरू-लियाकत समझौते' का विरोध करते हुए नेहरू सरकार में तत्कालीन उद्योगमंत्री डॉ. श्यामाप्रसाद मुखर्जी ने इस्तीफा दे दिया था। उन्होंने समझौते को मुसलिम तुष्टीकरण करनेवाला बताया था। यह एक ऐतिहासिक सच्चाई है कि इस समझौते पर हस्ताक्षर होने के बाद कई महीनों तक पूर्वी पाकिस्तान के हिंदुओं का पलायन भारत के पश्चिम बंगाल में जारी रहा। मुखर्जी तब हिंदू महासभा के नेता थे। हिंदुत्वादी ताकतों के विरोधियों के पास इस सवाल का कोई जवाब नहीं है कि भाजपा और राष्ट्रीय स्वयंसेवक संघ के लोग उनकी नजर में धर्मांध हैं तो हिंदू महासभा और जनसंघ के डॉ. श्यामाप्रसाद मुखर्जी को अपने मंत्रिमंडल में शामिल करनेवाले पं. जवाहरलाल नेहरू धर्मनिरपेक्ष कैसे बने रहे ?

पाकिस्तान ने 'नेहरू-लियाकत समझौते' की किस तरह धज्जियाँ उड़ाईं, इसका एक प्रमाण संसद् में अगस्त 1966 में भारतीय जनसंघ के नेता निरंजन वर्मा द्वारा तत्कालीन विदेश मंत्री सरदार स्वर्ण सिंह से पूछे गए सवाल हैं। उनका पहला सवाल था कि 'नेहरु-लियाकत समझौते' की वर्तमान स्थिति क्या है ? स्वर्ण सिंह ने अपने जवाब में कहा कि '1950 का 'नेहरू-लियाकत समझौता' भारत और पाकिस्तान के बीच एक स्थायी समझौता है। दोनों देशों को यह सुनिश्चित करने की आवश्यकता है कि अल्पसंख्यकों को भी नागरिकता के समान अधिकार प्राप्त हों।' दूसरा सवाल था कि क्या दोनों देश अभी भी समझौते की शर्तों के अनुसार कार्य कर रहे हैं ? इस पर स्वर्ण सिंह ने जवाब दिया था कि 'भारत में अल्पसंख्यकों के अधिकारों और सुरक्षा को लगातार और प्रभावी रूप से संरक्षित किया गया है, पाकिस्तान ने अल्पसंख्यक समुदाय के सदस्यों की लगातार उपेक्षा और उत्पीड़न करके समझौते का लगातार उल्लंघन किया है।' तीसरा सवाल यह था कि वह साल कौन सा है, जब से पाकिस्तान समझौते का उल्लघंन कर रहा है ? स्वर्ण सिंह ने कहा, "इस तरह के उल्लंघनों के उदाहरण समझौते होने के तुरंत बाद ही सामने आने लगे थे।"

तीसरे सवाल का जवाब 'नेहरू-लियाकत समझौते' की विफलता के बारे में अमित शाह द्वारा किए गए दावे को पुष्ट करता है। जरा सोचिए ये सवाल समझौते के 16 वर्ष बाद और आज से 54 साल पहले पूछे गए थे। सरकार का जो जवाब तब था, आज भी वही जवाब है। मेरा सवाल यह है कि आखिर इतने सालों तक भारत सरकार चुप क्यों रही, जिस तरह से आज मोदी सरकार ने पाकिस्तान के अल्पसंख्यकों के मुद्दे पर वहाँ की सरकार के असली चेहरे को अंतरराष्ट्रीय स्तर पर उजागर किया है, उसी तरह पहले की सरकार भी तो कर सकती थी। स्पष्ट है ऐसा कांग्रेस की मुसलिम तुष्टीकरण नीति के कारण हुआ। उसे मुसलमानों के वोट बैंक के नाराज होने का भय सता रहा था। कांग्रेस ने धर्मनिरपेक्षता को मुसलिम तुष्टीकरण का पर्याय बना दिया। आज उसका यह वोट बैंक भी खिसक चुका है और वह पूरी तरह वैचारिक दीवालियेपन के गर्त में पहुँच चुकी है।

नागरिकता संशोधन विधेयक का बचाव करते हुए अमित शाह ने दोहराया कि पाकिस्तान और बांग्लादेश विभाजन के बाद धार्मिक अल्पसंख्यकों की रक्षा करने में विफल रहे। उन्होंने कहा कि मोदी सरकार इस ऐतिहासिक गलती को दुरुस्त कर रही है। इसमें इनता हाय-तौबा मचाने की क्या जरूरत

है। 1966 में कांग्रेस के विदेशमंत्री ने भी तो संसद् में यही कहा था। कांग्रेस इसे क्यों भूल रही है? शायद उसे लग रहा है कि इसी बहाने उसके पास मुसलिम वोट बैंक दोबारा खिसककर आ जाएगा, लेकिन यह उसकी बहुत बड़ी भूल है। आज भारत का अल्पसंख्यक मुसलिम युवा पढ़ा-लिखा और समझदार है। उसे कांग्रेस का खेल समझ में आ गया है, इसीलिए शाहीनबाग आंदोलन विफल हुआ। यह बाहरी धन के सहारे प्रायोजित भीड़ को इकट्ठा करके खड़ा किया गया था और अब इस आंदोलन के पीछे शामिल रहे षड्यंत्रकारियों का कच्चा-चिट्ठा एक-एक करके सामने आ रहा है।

सी.ए.ए., एन.आर.सी. और एन.पी.ए. कानूनों के बन जाने के बाद देश में रह रहे अवैध प्रवासियों के बीच भगदड़ मच गई थी। मीडिया में ऐसी खबरें आईं कि भारत-बांग्लादेश सीमा पर भारत की तरफ लोगों का काफी भारी संख्या में पलायन हुआ। हालात ऐसे बन गए थे कि बांग्लादेश सरकार को कुछ दिनों के लिए सीमा पर मोबाइल व अन्य संचार सेवाओं को बंद करने को मजबूर होना पड़ा था। ऐसा इसलिए किया गया कि भारत में वर्षों से नकली दस्तावेज बनाकर रह रहे अवैध प्रवासियों के भगदड़ की खबर दुनिया में फैलने न पाए। यह भगदड़ इन कानून के विरोधियों को नहीं दिखी होगी क्या? अवश्य दिखी होगी और इनके सीने पर साँप लोट रहा होगा! जिनके बल पर ये लोग भारत माता के टुकड़े करने का सपना पाले हुए थे, अब उनका ही बोरिया-बिस्तर सिमट गया। शुरुआत में इन कानूनों पर थोड़ी नाराजगी का इजहार करने के बाद बांग्लादेश आखिकार तैयार हो गया कि भारत में बसे उसके नागरिक अगर लौटकर वापस आएँगे तो वह उन्हें लेने के लिए तैयार है। साफ देखा जा सकता है कि इन कानूनों से भारत की आंतरिक सुरक्षा और अधिक मजबूत हुई है, इसमें कोई दो राय नहीं है।

इसके अलावा, इन कानूनों की वजह से पड़ोस के उन देशों पर सभी धर्म के लोगों के साथ समान तरीके से व्यवहार करने और वहाँ के अल्पसंख्यकों को बहुसंख्यक आबादी के बराबर का दर्जा देने के लिए नैतिक दबाव भी बना है। यह दबाव प्रधानमंत्री नरेंद्र मोदी के सक्षम नेतृत्व के

कारण ही संभव हो पाया है। जाहिर है, देर-सबेर पाकिस्तान, अफगानिस्तान और बांग्लादेश जैसे इसलामिक राष्ट्र बहुलतावादी संस्कृति को कानूनी रूप से मान्यता देने के लिए बाध्य होंगे।

1947 में जब देश का बँटवारा आधा-अधूरा और बहुत जल्दबाजी में किया गया था। जर्मनी के हमलों से टूट चुके ब्रिटेन को जब अपने हाथ से सोने की चिड़िया भी जाते हुए दिखने लगी तो उसने बँटवारे का खूनी खेल खेला। पूर्वी पाकिस्तान में कुछ बस्तियों का बँटवारा इस तरह से किया गया, जिसकी वजह से हजारों लोगों की नागरिकता को लेकर भारत और पाकिस्तान के बीच विवाद रहा। 1971 में पूर्वी पाकिस्तान के बांग्लादेश बनने के बाद भी यह विवाद बरकरार रहा। इस विवाद का समाधान भी प्रधानमंत्री नरेंद्र मोदी ने ही किया। इस समाधान ने मोदी की जो छवि उजागर की, उसके बारे में मीडिया में कम लिखा गया। हम आपको उनकी इस छवि के बारे में विस्तार बताएँगे।

देश के विभाजन के दौरान रेडक्लिफ ने आनन-फानन में ऐसा बँटवारा किया कि भारतीय सीमा के भीतर पूर्वी पाकिस्तान (अब बांग्लादेश) की कुछ जमीन और बस्तियाँ आ गईं तथा सरहद में बांग्लादेश की सीमा के भीतर कुछ भारतीय क्षेत्र चले गए। दोनों पक्षों को अपने-अपने इलाकों और उसमें बसे नागरिकों तक पहुँचने में परेशानी होती थी। खेती करने, आने-जाने, पशु चराने आदि को लेकर भी अकसर तनाव जैसे हालात बन जाया करते थे। इनकी सबसे बड़ी समस्या नागरिकता की थी। दोनों पक्ष इन्हें अपना नागरिक नहीं मानते थे। इसका परिणाम यह हुआ कि इन बस्तियों में बसे लोग बुनियादी सुविधाओं, जैसे बिजली, पानी, सड़क, स्कूल आदि से वंचित रहे। ये लोग 7 दशक से भी अधिक समय तक नागरिकता विहीन जीवन जी रहे थे!

इस समस्या के समाधान के लिए 1958 में प्रधानमंत्री जवाहरलाल नेहरू और पाकिस्तान के तत्कालीन प्रधानमंत्री फिरोज खान नून के बीच और फिर 1974 में प्रधानमंत्री इंदिरा गांधी और बांग्लादेशी प्रधानमंत्री शेख मुजीबुर्रहमान के बीच कुछ क्षेत्रों की अदला-बदली के करार हुए थे, लेकिन राजनीति की खींचतान ने इन समझौतों को लागू होने से रोके रखा था। इतना ही नहीं, वर्ष 2011 में प्रधानमंत्री डॉ. मनमोहन सिंह ने समझौते को लागू करने की कोशिश की थी, लेकिन उन्हें भी कामयाबी नहीं मिल पाई। वर्ष 2014 में देश की बागडोर सँभालने के बाद प्रधानमंत्री नरेंद्र मोदी ने सितंबर महीने में संयुक्त राष्ट्र के सम्मेलन में हिस्सा लिया था। उस दौरान मोदी की मुलाकात बांग्लादेश की प्रधानमंत्री शेख हसीना से हुई। मुलाकात के दौरान मोदी ने शेख हसीना से कहा था कि आप मुझ पर भरोसा रखिए, मैं इस समस्या का समाधान करूँगा। मोदीजी से जब यह आश्वासन सुना तो शेख हसीना को उम्मीद नहीं रही होगी कि 7 दशक से भी अधिक समय से चली आ रही यह समस्या महज 9 महीने में सुलझ जाएगी!

6 जून, 2015 को प्रधानमंत्री नरेंद्र मोदी दो दिन के बांग्लादेश दौरे पर गए। इस यात्रा के दौरान ही दोनों नेताओं ने इस ऐतिहासिक समझौते पर हस्ताक्षर करके भारत-बांग्लादेश के बीच इस जमीन विवाद को समाप्त कर दिया। 'जमीन सीमा समझौते' के बाद भारत और बांग्लादेश की सीमाएँ नक्शे पर हमेशा-हमेशा के लिए बदल गईं और इसके साथ ही सीमा पर रह रहे हजारों लोगों की जिंदगी में भी उम्मीद की एक नई पैदा हुई। इन बेवतन लोगों को नागरिकता मिल गई। यहाँ की सरहद पर जहाँ गोलियाँ चलती थीं, वहाँ अब जिंदगी गुलजार हो गई है। सीमा पर बसे ये गाँव बरसों से गुमनामी में खोए हुए थे, अब इन्हें एक नई पहचान मिल गई है। सीमा के जिन सुनसान रास्तों से नकली नोट, ड्रग्स और मवेशियों की तस्करी होती थी, अब यह सब बंद हो गया है। भारत बांग्लादेश की सीमा पर हजारों एकड़ जमीन को लेकर जो विवाद था, वह पूरी तरह अब खत्म हो गया है।

बताते चलें कि भारत की सीमा पर बसे कई इलाके ऐसे थे, जिनपर बांग्लादेश अपना बताता था, वहीं बांग्लादेश के भी ऐसे कई गाँव और खेत-खलिहान थे, जिन पर भारत अपना दावा करता आ रहा था। इस बात को लेकर सीमा पर कई बार हिंसक झड़पें भी हो चुकी थीं। वर्ष 2001 में सीमा पर बसे एक गाँव के अधिकार को लेकर विवाद हुआ और बांग्लादेश ने बीएसएफ के 16 जवानों को बड़े ही बेरहमी से मौत के घाट उतार दिया था। इस घटना को लेकर भारत बांग्लादेश के बीच कई सालों तक कड़वाहट बनी रही, लेकिन प्रधानमंत्री नरेंद्र मोदी ने इतिहास की उन खूनी और यादों को पीछे छोड़कर बांग्लादेश के साथ रिश्तों की एक नई इबारत को लिखने का काम किया। जो लोग मोदीजी को 'मौत का सौदागर' कहते हैं और अपनी राजनीतिक रोटी को सेंकने के लिए वैश्विक मंचों पर भी उन्हें खलनायक बनाने का लगातार प्रयास कर रहे हैं, उनको यह सब दिखाई नहीं देता है। ऐसा इसलिए होता है, क्योंकि सत्ता को खोने के साथ ही इन लोगों ने अपना मानसिक संतुलन भी खो दिया है। इनको देश और नागरिकों की चिंता होती तो बांग्लादेश के साथ पहले ही विवाद सुलझा लिया होता। ये वोट बैंक

खिसकने के डर से इस समस्या को टालते रहे। प्रधानमंत्री मोदी जनता के नेता हैं और जनता के लिए उन्होंने अपना सर्वस्व त्याग किया है। उनके जीवन का यही एकमात्र मंत्र है कि जनता की सेवा ही जनार्दन यानी ईश्वर की सेवा है। इस साहसिक समझौते को पूरा करके उन्होंने जो काम किया है, वह भारत और बांग्लादेश के इतिहास में स्वर्णाक्षरों में लिखा जाएगा।

भारत और बांग्लादेश के बीच जो 'भूमि सीमा समझौता' किया गया, उसकी वजह से पश्चिम बंगाल, असम, मेघालय और त्रिपुरा की सीमाएँ बदल गई हैं। इस समझौते से प्रधानमंत्री ने न केवल संपूर्ण एशिया, बल्कि पूरी दुनिया के लिए भी एक उदाहरण पेश किया है कि पड़ोसी देश के साथ आपसी सहयोग और सौहार्द के लिए भारत त्याग करने की क्षमता रखता है। नरेंद्र मोदी अगर इस ऐतिहासिक करार पर हस्ताक्षर नहीं करते तो उन्हें इसका कोई भी राजनीतिक नुकसान नहीं होता, लेकिन उन्होंने लोगों के दुःख-दर्द को महसूस किया। उनके पीड़ा को समझा और विवाद को सुलझाने का संकल्प लिया। वह भारत-बांग्लादेश के बीच फँसे इन गरीब लोगों को आत्मसम्मान देने और आपसी संबंधों में नई मिठास घोलने के प्रति कृतसंकल्पित थे, इसलिए उन्होंने यह समझौता किया।

भारत और बांग्लादेश सीमा विवाद की तीन बड़ी वजह थी। पहला विवाद एन्क्लेव का था। एन्क्लेव सीमा पर बसे छोटे-छोटे गाँव और बस्तियाँ हैं। इसको स्थानीय लोग 'छींट', 'चित्तमहल' या फिर 'पाशा-एन्क्लेव' के नाम से भी पुकारते हैं। ये इलाके दरअसल एक आइलैंड, यानी किसी द्वीप की तरह हैं, जिनके चारों तरफ की जमीन दूसरे देश की होती है। ये इलाके भौगोलिक रूप से अपने देश से पूरी तरह से कटे रहते हैं। इसको 'नो-मैन्स लैंड' भी कहते हैं। अपने देश से कटे रहने की वजह से यहाँ रहनेवाले लोगों की जिंदगी बेहद मुश्किल भरी होती है। उदाहरण के लिए पश्चिम बंगाल के कूच बिहार इलाके का नलग्राम एन्क्लेव बांग्लादेश का था, लेकिन इसके चारों तरफ की जमीन भारत की थी। यहाँ के लोगों की जिंदगी एक ही इलाके में सिमटकर रह गई थी। इसमें रहनेवाले लोगों की नागरिकता को लेकर

हमेशा विवाद बना रहा। इन्हें बिजली, पानी, सड़क, स्कूल और अस्पताल जैसी बुनियादी सुविधाएँ भी नहीं मिल रही थीं।

भारत और बांग्लादेश के बीच हुए 'भूमि सीमा समझौते' से अब सबकुछ बदल गया है। समझौते के तहत सीमा पर मौजूद सभी एन्क्लेव को उसी देश में शामिल कर दिया गया है, जहाँ उनकी भौगोलिक स्थिति है। इस समझौते के बाद भारत की सरहद में बांग्लादेश के 51 एन्क्लेव अब कानूनी तौर से भारत का हिस्सा बन गए हैं, जबकि भारत के 111 एन्क्लेव अब बांग्लादेश में शामिल हो गए हैं। अब यहाँ के लोगों को अपने-अपने देश की नागरिकता और बुनियादी सुविधाएँ मिलने का रास्ता साफ हो गया है। इस ऐतिहासिक समझौते से यहाँ के लोग बेहद खुश हैं और अब इन लोगों को हमारी तरह ही एक बेहतर जिंदगी की उम्मीद दिखाई दे रही है। नए समझौते के तहत भारत ने जिन 111 एन्क्लेव को बांग्लादेश को सौंपा है, वह करीब 17 हजार एकड़ जमीन है, जबकि बांग्लादेश के 51 एन्क्लेव की 7 हजार एकड़ की जमीन भारत को मिली है।

भारत और बांग्लादेश की सीमा पर कई ऐसे भी इलाके थे, जो बांग्लादेश के कब्जे में थे, लेकिन भारत उनपर अपना दावा करता था। यह भी विवाद की एक बड़ी वजह बना हुआ था। उदाहरण के लिए पश्चिम

बंगाल के जलपाईगुड़ी का खुदीपाड़ा इलाका कानूनी तौर पर भारतीय सीमा में है, लेकिन बांग्लादेश इस पर अपना दावा जताता था। इस विवाद की वजह से खुदीपाड़ा इलाके का विकास हमेशा अधर में लटका रहा। गाँव के लोगों को बांग्लादेश के सुरक्षा बल परेशान करते थे। इसकी वजह से गाँव में बिजली की लाइन तक नहीं पहुँच पाई थी। गाँव तक पहुँचने के लिए पक्की सड़क तक नहीं थी। इसी तरह असम के डुबरी जिले के बोराईबारी गाँव को लेकर भारत बांग्लादेश के बीच लंबे समय तनाव रहा। दरअसल विभाजन के बाद बोराईबारी के इस इलाके को भारत में शामिल होने की घोषणा की गई थी, लेकिन इस पर पहले पाकिस्तान का कब्जा रहा और बाद में बांग्लादेश का। इस सीमा पर कई बार हिंसक झड़पें हो चुकी थीं। वर्ष 2001 में इसी इलाके में गश्त कर रहे बीएसएफ के 16 जवानों को बांग्लादेश ने बेरहमी से मार डाला था, लेकिन नए 'भूमि सीमा समझौते' के तहत अब यह इलाका हमेशा-हमेशा के लिए बांग्लादेश का हो गया है। भारत का दावा इस इलाके पर खत्म हो गया है। असम-मेघालय की सीमा पर बसा यह इलाका भारत-बांग्लादेश सीमा की आखिरी बस्ती है। डुबरी से बोराईबारी पहुँचने तक के लिए कोई सड़क मार्ग नहीं है। यहाँ तक पहुँचने के लिए डेढ़ घंटे तक ब्रह्मपुत्र नदी में एक बोट पर सफर करना पड़ता है। उसके बाद सड़क के रास्ते एक घंटे के सफर के बाद ही इस इलाके तक पहुँचा जा सकता है। यह गाँव अब हमेशा हमेशा के लिए बांग्लादेश का हिस्सा हो गया है।

नए 'भूमि सीमा समझौते' के तहत असम, पश्चिम बंगाल, मेघालय और त्रिपुरा के विवादित इलाकों में बसे किसी भी आदमी को अपना घर या जमीन छोड़कर जाने की जरूरत नहीं पड़ेगी, जैसा कि अमूमन बँटवारे या फिर सीमा विवाद को सुलझाने के लिए किया जाता है। भारत ने अपनी अधिक जमीन खोकर भी इस मामले को सुलझाने में जो परिपक्वता दिखाई है, उससे दक्षिण एशिया में विश्वास और सहयोग के नए अध्याय की शुरुआत हो चुकी है। अब भारत और बांग्लादेश अपनी 4060 किलोमीटर लंबी सीमा तथा व्यापक जल-संसाधनों के आधार पर बृहद आर्थिक सहयोग

की ओर बढ़ सकते हैं। बांग्लादेश के सहयोग से भारत पूर्वी एशिया में सहभागिता बढ़ाने की नई राह प्रशस्त कर सकता है।

इन दोनों समझौतों पर प्रधानमंत्री नरेंद्र मोदी ने निर्णायक फैसलों को देखा जाए तो यही कहा जा सकता है कि उन्होंने वोट बैंक की राजनीति को परे रखकर जनहित और राष्ट्रहित में ऐतिहासिक निर्णय लिये हैं। बांग्लादेश के साथ किया गया समझौता जहाँ यह दरशाता है कि नरेंद्र मोदी ने पड़ोसी देशों के साथ शांतिपूर्ण सहअस्तित्व के सिद्धांत को अमल में लाकर भारत की प्रतिष्ठा को अंतरराष्ट्रीय स्तर पर पुष्ट किया है। वहीं इससे पूरे विश्व में यह संदेश गया है कि जनता की भलाई के लिए भारत अपने पड़ोसी देशों के साथ लेन-देन में थोड़ा-बहुत घाटा भी उठा सकता है। इस समझौते ने भारत के बारे पाकिस्तान के दुष्प्रचार की धार को न सिर्फ कुंद किया है, बल्कि अपने रवैए में सुधार करने के लिए उसके ऊपर एक नैतिक दबाव भी बना दिया है। भारत के अन्य पड़ोसी देशों के बीच भी इस समझौते का सकारात्मक संदेश गया है, इसमें कोई दो राय नहीं है।

इसी तरह नागरिकता कानून, एनआरसी और एनपीआर से प्रधानमंत्री ने राष्ट्रीय सुरक्षा को मजबूती देने का काम किया है। इससे भारत में विभाजनकारी राजनीति कमजोर हुई है। पड़ोसी देशों द्वारा एक सोची-समझी साजिश के तहत पिछले कई वर्षों से लगातार भारत में घुसपैठ कराई जा रही थी। अब इन कानूनों से इसपर लगाम लग चुकी है। विशेष रूप से पड़ोसी पाकिस्तान ने भारत के जनसांख्यिकीय स्वरूप को बदलने के लिए जो अभियान छेड़ रखा था, वह अब बंद हो चुका है। रोहिंग्या के हमदर्द लोगों को अब अपनी राजनीति की दिशा को बदलना पड़ेगा। एक राष्ट्र तभी तक मजबूत रह सकता है, जब तक उसमें निवास करनेवाले लोग उससे प्रेम करें। बाहर से आए घुसपैठियों और अवैध प्रवासियों ने इसे सरायखाना समझ रखा था। अब इनकी घुसपैठ पर प्रभावी तरीके से रोक का पुख्ता इंतजाम हो गया है।

□□□

* 9 7 8 9 3 5 5 2 1 2 8 1 8 *

FCW - #0132 - 061026 - C0 - 216/140/9 - PB - 9789355212818 - Matt Lamination